天下文化

BELIEVE IN READING

第8個習慣

從成功到卓越

全新修訂版

The 8th Habit From Effectiveness to Greatness

by Stephen R. Covey

史蒂芬・柯維

殷文 —— 譯

各界推薦

每個人和每個組織都具有實現和保持卓越的潛能。柯維的《第8個習慣》與我的這個信念不謀而合。他知道，要達到卓越需要熱情，而熱情必須由培育和獎勵合作、成長與承諾來驅使。

——利弗莫爾（Ann Livermore）／高通公司（Qualcomm）董事

在《第8個習慣》中，柯維將領導帶到一個嶄新的、使人振奮的階段。這是一本有志成為領導者的人必讀之書。

——甘地（Arun Gandhi）／甘地非暴力學會（M.K.Gandhi Institute for Nonviolence）共同創辦人

《第8個習慣》是超越高效能的地圖，有力且實際。任何渴望快樂與完整的人都應該閱讀這本書。

——克里斯汀生（Clayton M.Christensen）／哈佛商學院教授

對於想要提升職場和家庭效率的個人而言，這是一本必讀的書。柯維為未來的千年，勾勒出一幅事業和個人成功的藍圖。

——康南特（Douglas R.Conant）／康寶濃湯公司前總裁與執行長

我等待柯維續寫《與成功有約》已經等了十多年了。自從我讀了《與成功有約》以來，我對生活的需要發生了徹底的改變。我需要以另外一種方式來審視我的生活，達到平衡。我會再次受到激勵！

——科爾曼（Greg Coleman）／網路新聞媒體公司 Buzzfeed 總裁

多年來我一直運用七個習慣來領導公司，所以我「必須」閱讀《第8個習慣》。一讀之後，我十分驚嘆、受到吸引，並感到充滿力量。這本書是真正的傑作。這些個人與組織領導力的原則，都能釋放人類的天賦，啟發內心關於服務與滿足的深層渴望。

——舒爾茲（Horst Schulze）／麗池卡登飯店集團前總裁

偉大的領導者了解並能欣賞人的價值。他們不會只憑旁人的意見去看一個人，而是會自己去發現他的價值。他們相信團隊中的每個人都有機會去創造有意義的、持久的貢獻。他們知道，做為一個領導者最重要的責任是去開發員工的潛能，給他們成長的空間，激勵他們認識自己的潛能。這也是我們公司一直以來的理念——只要我們關心員工，他們就能關心我們的客戶。柯維分享了這樣的理念，使這本《第8個習慣》對於如何成為一個更有力的、更有效率的，以及能真正激勵人心的領導者，將是一個絕佳的指引。

——馬里奧特（J.Willard Marriott, Jr.）／萬豪國際（Marriott International）董事長

《第8個習慣》是一部值得稱讚的新作，它提供了一把打開一件奇妙禮物的鑰匙，這件禮物就是我們每一個人內心深藏的卓越。這本書也達到了柯維在《與成功有約》一書中所提出的相同標準。

——伍頓（John R.Wooden）／加州大學洛杉磯分校籃球隊榮譽退休教練

能夠在大公司有所作為是一項十分難能可貴的才能，這本書恰好講述了如何做到這一點。對於那些想要讓自己的機構擁有更大凝聚力的領導者來說，這本書提供了許多指導性的見解，價值無可估量。

——羅林斯（Kevin Rollins）／戴爾電腦前總裁兼執行長

柯維的《第8個習慣》再次令我們拍案叫絕。做為世界上最傑出的領導學專家，柯維在其暢銷書《與成功有約》的基礎上發展起另一種模式。遵循這種模式，我們可以對生活更充滿熱情，開創完全不同的生活方式，並留下比生命更為長久卓越的遺產。

——金（Larry King）／CNN節目主持人

領導學教父再次漂亮出擊！柯維的《第8個習慣》能提供一個根本的工具，讓你發現自己內在的聲音，追尋真正的願景。

——克羅斯（Pat Croce）／NBA費城七六人隊前任總裁

像往常一樣，柯維完美的聚焦在激勵心靈，同時實現工作目標的理念上。想擁有平和的心態、強烈的執著，第八個習慣是絕對必要的。

——夏藍（Ram Charan）／《執行力》作者

對於那些想要不斷提升自己的人來說，柯維一直都是他們最值得信賴的嚮導。《第8

個習慣》指導他們如何登上自我實現和成就的頂峰。

——福布斯（Steve Forbes）／《富比士》（*Forbes*）雜誌總編輯

《第8個習慣》一書中充滿了永恆的原則，能幫助個人和組織尋求卓越。柯維最新的洞見，是具有挑戰性和強迫性的，是對二十一世紀領導者的呼喚。

——塔蘇波洛斯（Tim Tassopoulos）／奇克炸雞連鎖店（Chick-fil-A）總裁

我期望柯維能寫更多的書。但即使他沒有更多的作品，《第8個習慣》很清楚的已經是他獻給人類最偉大的成就。期待世界上成千上萬的人能夠閱讀、分享，而每個人也都能夠因此穩穩的抓緊人生的韁繩。

——畢德士（Tom Peters）／《重新想像》作者

柯維的作品從過去到現在影響了世界上成千上萬的人。在本書中，他做了思想上的大躍進，引介對我們生活和職場上都有深刻影響的觀念與實踐。《第8個習慣》是一本極優秀的書，是人類心靈的勝利，在我的觀念裡，是柯維最重要的作品。

——班尼斯（Warren Bennis）／領導力研究先驅

柯維繼續令人震驚。在這本書的引導之下，讀者朝著認識自己以及他人潛在的卓越潛能再邁出了一大步。他的第八個習慣實際上是一個永恆的領導原則——一種對個人的尊重，一個在這個愈來愈把人視為一種生產手段的世界上的基本真理。市場趨向全球化，似乎以無限的網路相連著；在這種環境下，柯維揭示了我們每天接觸的無數人所具備的獨特卓越潛能，並為之喝采。做為將近一百五十個國家中十二萬名菁英員工的領導人，我對這位學者如此慷慨的分享他關於領導藝術的觀點和架構，表示讚賞。

——帕雷特（William G.Parrett）／甲骨文公司（Oracle）董事

目錄

導讀

從個人效能邁向組織卓越

李俐嫺／富蘭克林柯維台灣辦公室負責人

多年以來，富蘭克林柯維在台灣提供許多個人與組織關於領導力發展與企業文化建立的相關培訓與諮詢服務，非常榮幸有機會為大家說明柯維博士在《第8個習慣：從成功到卓越》一書要傳遞的重要訊息。

相信大家對柯維博士的《與成功有約：高效能人士的七個習慣》並不陌生，書中提供一套身處於智慧時代的知識工作者仍然適用，而且變化愈大、挑戰愈困難，就愈切合時宜，放諸四海皆準、永恆不變的原則。

然而，高效能僅僅是這個時代生存、創新、持續成長的基本面，使人每天安然度過高壓、求新求變的挑戰。當今還有一種更高層次的習慣，能真正引發個人深層的動機。如果說七個習慣能建立個人成熟度與人際影響力，而第八個習慣，就是引導有使命感的領導人，首先找到自己的內在聲音，也能激勵他人尋找內在聲音的新時代領導力。

釋放個人與組織的潛能

柯維博士在書中的第二部詳細說明了何謂「內在聲音」，並運用「全人思維模式」說明人類有四大基本需求：生活、愛、學習成長及發揮影響力。

如果我們充分了解如何因應這些需求，找到自己或在組織裡扮演角色的意義與品質，就能藉由相對應的自律、熱情、願景與良知，找到自我的定位與價值，接著在工作或生活發揮選擇的能力，決定投入多少心力，得到不同層次的成就與結果。

運用全人思維點燃內心之火，重新定義自我在生活或工作中的兩、三個重要角色，在個人層面能做好自我管理、職涯發展、均衡生活，甚至為人父母，也能應用領導人的角色，讓家庭文化世代相傳，在家庭得到最大的幸福與快樂。

書中的第三部非常具體並詳盡說明管理與領導最大的不同。柯維博士認為，因為「物品」本身沒有選擇的能力和自由，所以庫存、現金流和成本需要管理。但是「人」需要被充分理解，一旦了解人性基本需求，就有了一把鑰匙，能釋放個人與組織的潛能。

柯維比喻，組織其實和人的身體一樣有慢性病和緊急症狀，透過領導人的四項職責（以身作則、探索方向、整合體系、充分授權）領導文化、策略、結構、執行四領域的均衡發展，這樣一來會創造一種領導文化。在這種文化裡，每位成員都會用一句話來形容自己：「我在一個信任的環境中從事有意義的工作，這讓我覺得自己很有價值，而且我的團隊正在持續成長。」

領導力是一種選擇

成為激勵信任的領導者需要永恆且通用的特質，而做為楷模，品格和誠信非常重要。領導者要立刻領悟的一件要事是，他們每天都在組織內創造文化。

領導者必須能夠設想大局、靈活應變、擬定策略，並促成全員投入，執行出最佳成果。現在的年輕世代，不要傳統老闆式的權威或是諄諄善誘教導式的輔導，相對的，他們需要的是一個能培育下一個世代、完成傳承的教練。

富蘭克林柯維在台灣有幸能提供如此貼合新時代需求的領導力解決方案，協助卓越領導者在成效、行動、思維與特質四大方面上與眾不同，就是源自柯維博士這本《第8個習慣》的先知灼見。

領導人並非天生，而是可以經由學習而來。領導力是一種選擇，領導人之所以成為領導人，是出於自己的選擇，他們並不一定需要特定的職銜或職位，但能提供機會讓人參與，促成改變，激勵人們更加卓越、發揮更多潛能。這是柯維博士一向的信念，也是富蘭克林柯維在領導力發展與培育上的重要詮釋。

台灣需要系統化的領導力培育計畫，來解決基、中、高各階層領導人才不足的問題，透過本書的引導，希望你也能從書中找到「內在的聲音」，從效能邁向卓越。

第一部
發現內在的聲音

樹林裡岔開兩條路，而我——
選擇了人跡較少的那條，
這使一切全然不同。

——佛洛斯特（Robert Frost）

1 痛苦

領導，就是讓願景成真的能力。

——領導力研究先驅 班尼斯（Warren Bennis）

請聽聽下面這些人的心聲：

「我進退維谷，陷入一成不變的生活裡。」

「我的生活簡直一團糟。我累極了，筋疲力盡。」

「沒有人真正讚賞或感謝我，老闆根本不了解我的才能。」

「我感覺不到有人需要我——同事、孩子、鄰居……，甚至妻子，除了付帳的時候都不需要我。」

「我感到失望、沮喪。」

「我總是無法達成目標，似乎從來沒有成功。」

「我無法有所作為、覺得內心空虛。我的生活毫無意義，好像總是缺點什麼。」

「我很生氣，也很害怕。我不能失去工作。」

「我很孤獨。」

「我覺得壓力太大，什麼事都那麼緊迫。」

「公司的管理簡直無孔不入，真要悶死人了！」

「我真厭惡背後整人和拍馬屁那一套。」

「我感到無聊透頂，浪費時間。我的滿足感幾乎全部來自工作之外。」

「為了達成業績目標，我簡直累死了，趕任務的壓力簡直令人無法想像。」

「妻子不了解我，孩子又不聽話。這個家比辦公室好不到哪去！」

「我想有所改變，卻辦不到。」

這些是人們內心中最常發出的吶喊——全球成千上萬為人父母者、工人、服務員、經理、專業人士和執行長，面對現實世界、努力奮鬥時說出的肺腑之言。這種痛苦是個人的，卻是深刻而發自內心的。這可能讓你不由自主的想起，自己也曾經發出類似的聲音。

當然，也有人樂在工作、精力充沛、有所成就……但這樣的人太少了。演講時，我經常詢問來自世界各地的聽眾：「有多少人認為，在你們公司裡，大多數員工所擁有的天賦、才智、能力和創造性，遠遠超過現在的工作崗位所要求的？」絕大多數聽眾舉起了手。但是，同樣的，也有許多人承認，為了完成超過自己能力的任務，承受巨大的壓力。

請想一想，人們面臨著巨大而不斷增長的期望，鞭策自己在複雜無比的世界上完成超過能力的任務，卻無法充分發揮真正的才智和能力。這種痛苦最明顯也最實際的表現是，組織無法把關注的焦點集中於最優先的事務，並付諸實踐。

「執行智商」問卷調查

哈里斯民意調查（Harris Poll）的創立機構——哈里斯互動公司（Harris Interactive）利用富蘭克林柯維公司（FranklinCovey）的xQ（Execution Quotient，執行智商）問卷，調查了兩萬三千名居住在美國的全職工作者。讓我們看看以下令人驚訝的發現：

- 只有百分之三十七的人清楚組織目標及設立的原因。
- 只有五分之一的人對組織或團隊的目標有熱情。
- 只有五分之一的人清楚自己的任務和目標之間有何關聯。
- 只有二分之一的人對於自己一週以來完成的工作感到滿意。
- 只有百分之十五的人認為組織完全放手讓他們完成關鍵任務。
- 只有百分之十五的人覺得自己在工作中受到充分信任。
- 只有百分之十七的人覺得組織鼓勵坦誠溝通，尊重不同意見，產生更好的想法。
- 只有百分之十的人覺得他們的組織讓員工為結果負責。
- 只有百分之二十的人完全信任自己的組織。
- 只有百分之十三的人與其他小組或部門保持充分信任、相互合作的工作關係。

用足球賽做比喻的話，這些數據表示場上同隊的十一名球員中，只有四個明白哪一邊是自己的球門，只有兩個球員關心比賽，只有兩個球員知道自己的位置、知道自己該做些什麼——那麼在某種程度上來說，這兩個球員更多的時候是與自己的隊友競爭，而不是與對方球員競爭。

這份資料讓人清醒，也和我多年來的經驗相符。儘管人類在技術、產品創新及全球市場上有很大的進展，多數人並未因此在自己的工作單位裡成長。他們沒有成就感、感到沮喪、不清楚組織的目標，甚至不知道組織最優先的事務是什麼。他們陷入困境，心煩意亂，其中大多數人覺得自己對此無能為力。

你能想像，由於不能充分發揮熱情、才智和能力，個人和組織為此付出的代價有多大嗎？這比所有的稅款、利息以及勞動成本加在一起還多！

新時代的要求

在我出版《與成功有約》（*The 7 Habits of Highly Effective People*），探討讓人生全面成功的七個習慣以後，世界發生了很大的變化。人們在人際關係、家庭、職業生涯、組織裡所面臨的挑戰及其複雜性，已經提升到更高的層次。

駕馭七個習慣的力量：第八個習慣

許多人問我，在這個全新的資訊時代裡，七個習慣是否仍然適用。我的回答始終不變：變化愈大、挑戰愈困難，七個習慣就愈切合時宜。因為七個習慣是關於提高效能，它們是放諸四海皆準、永恆不變的原則。

在今天，個人和組織的高效能已經不再是可以討價還價的選擇，它是進入遊戲場的入場券。想在這個全新的時代生存、創新成長、業績出色，需要奠基於效能，甚至超越效能。而這新時代的要求和人們內心的聲音，就是卓越——有成就感、熱情的執行，以及做出重要貢獻。

和過去比較起來，這些概念現在處於不同的層面或元素，進入了人類天賦和積極性的更高層次——我稱之為發自內心的呼喚，要求新的思維、新的技能、新的工具……，也就是一個新的習慣。

因此，第八個習慣不是增加一個遺漏的習慣，而是一個全新的習慣。這是一種讓人找到並駕馭其他習慣，迎接新知識工作時代的力量。第八個習慣就是：**發現內在的聲音**。這包含了兩個部分：一是「找到自己內在的聲音」，二是「激勵他人尋找內在聲音」。

事實上，第八個習慣是人類靈魂的聲音——充滿希望和才智、靈活變通的心聲、具有為公眾利益服務的無限潛力。

內在的聲音是人類獨特且重要的本質——當我們面對巨大挑戰時會表現出這種本質，

也正是它使人得以戰勝挑戰。

正如下頁的圖所描繪的，心聲位於中心，而圍繞它的是天賦才能（你的天賦和長處）、熱情（激勵你的事情）、需求，以及良知（發自內心深處的聲音，讓你分清對錯並敦促你行動）。

如果某項工作能開發你的天賦才能、喚起熱情，而且世界也需要、良知也敦促你去行動，那麼，你的心聲、你的召喚、你的靈魂密碼就在那裡。

回應自己的良知

進一步描述內在聲音之前，我先說個故事。有一次，我巧遇葛拉米銀行（Grameen Bank）的創辦人尤納斯（Muhammad Yunus）。葛拉米銀行是個特別的機構，它成立的唯一目的是向孟加拉最貧窮的人發放小額貸款。我問他是何時、如何有了這個構想與願景，他告訴我，他所有的努力，起因於孟加拉街道上發生的一個事件：

二十五年前，我在孟加拉的大學裡教經濟學。當時國家正處於饑荒，我帶著剛獲得美國博士的熱情，在教室裡教著經濟學的優雅理論，而走出教室，就看見大街上到處是骨瘦

內在的聲音就在交集處

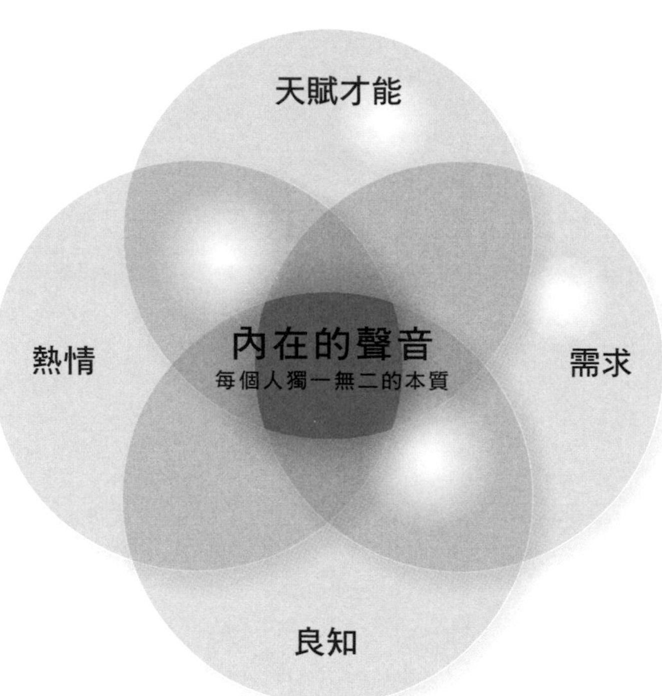

如柴的人，他們在等待死神的來臨。

我覺得我所學的、所教的都是假的，對於人民的生活毫無用處，所以我試圖探索緊鄰校園的村莊裡，人們的生活狀況。我想看看，自己做為人類的一員能做些什麼，哪怕只能挽救一個人。

一次偶發事件把我引往新的方向。有一天，我遇見一位正在製作竹椅的婦女，談話中我發現她每天只能賺美金兩分錢。我簡直無法相信，一個人工作得這麼努力，做出的竹椅那麼漂亮，賺到的錢卻如此的少。她向我解釋，因為她沒錢買竹子，只能向收購商借錢，而收購商強加的條件是：婦人只能把竹椅賣給他，價錢也由他來定。

這就解釋了為什麼她只有兩分錢的利潤——她實際上成了收購商的奴工。那麼，竹子的成本又是多少？她說：「大約美金二十分，質量好的二十五分。」我想：「人們為了二十分而受苦，難道沒人可以為此做些什麼嗎？」我正想著是否要給她二十分時，突然有了另一個想法——把所有需要這類錢的人列出清單。我和一個學生一起去那個村落，花了幾天時間列出了一張清單，共有四十二人。把所需的款項相加後，結果令我大吃一驚：一共才美金二十七元！我為自己所屬的社會感到羞恥，這個社會居然無法為四十二個辛勤勞動、技能高超的人，提供區區二十七美元。

為了擺脫羞恥，我拿出了二十七美元給我的學生說：「你把這些錢給他們，說是貸款，但他們可以自己選擇還錢的時間。這樣他們可以把產品賣個好價錢。」

這些人收到錢後非常振奮，也讓我深思，「我現在該怎樣做？」我到了一間位於校園的銀行分行去見經理，建議他們貸款給這些窮人。他好像墜入五里霧中說：「你瘋了，這根本不可能。怎麼可以貸款給窮人？他們沒有信譽。」我懇求他說：「至少試試看，這只是一筆很小的錢。」他回答：「不行，我們的規則不允許。不能間接貸款，而且這麼小的數目根本不值得貸。」他建議我去見銀行的高階主管。

我接受了他的建議，去找那些可以做決策的人，每個人的回答都差不多。奔波幾天之後，最後我提出自己做為擔保人。他們要我簽什麼文件，我就簽什麼，於是他們貸款給我，而我則把錢借給我想借的人。

這就是事情的開始。他們反覆警告我，收了借款的窮人是不會還錢的。我說：「我願意碰碰運氣。」令人吃驚的是，他們還了每一分錢。我非常高興，但經理說：「這些人只是在欺騙你。他們很快會借更多的錢，然後就不還了。」於是，我借給他們更多的錢，他們仍然還給了我。我告訴經理，但他回答：「好吧，也許你能在一個村落成功，如果是兩個就不行了。」我很快推廣到兩個村落——同樣成功。

於是，這似乎變成了我和銀行之間的抗爭。他們總是說試更多的村落，真相就會大白，也許五個就不行了。於是我又推廣了五個村落，結果每個人都還了錢。他們仍不服輸，說：「十個、五十個、一百個村落，就不行了。」因為他們接受的訓練就是窮人是不可信賴的。幸而，我接受的教育並非如此，所以我能相信親眼所見的事實。但是，銀行家的頭腦和眼睛受到了成見的蒙蔽。

最後，我想到，為什麼總是試圖說服他們？既然我已經完全相信窮人能借錢還錢，為什麼不自己成立一個銀行？這個想法使我興奮不已，我向政府申請批准以便設立銀行。然後，花了兩年時間才說服了政府。

一九八三年十月二日我們成立了銀行，一個正式而獨立的銀行。讓大家振奮的是，現在我們有了自己的銀行，可以隨心所欲的發展了，它果然也把我們做的事發展壯大。

現在葛拉米銀行在孟加拉的四萬六千多個村落發展業務，有一千二百六十七個分行和一萬兩千名工作人員。他們的貸款總額超過四點五億美元，每筆貸款平均不到兩百美元。他們甚至還貸款給乞丐，幫助他們成為自食其力的人。

這些款項對企業家來說是個小數目，但是，看看它影響的人數：他們每年大約幫助了三百七十萬人，其中百分之九十六是婦女，讓她們能自己決定是否跨出重要的一步，改變自己和家庭的生活。總體來看，她們都成為自力更生的獨立「企業家」，在自己的家裡或後院製造產品，成功的自食其力。她們也找到了自己的心聲。

我研究或採訪世界上一些卓越的領導人，注意到他們的願景和心聲通常也是慢慢演化出來的。我相信，肯定也有例外。但一般說來，當他們感覺到人類的某種需求，而且他們良知的回應是試圖滿足這些需求，這時願景就會出現。當他們滿足了那個需求，又會看到另一個需求，於是又試圖去滿足。然後，他們開始意識到應當把這種需求一般化，並設法找出制度化的手段來持續自己的努力。

尤納斯就是這樣一個例子——他察覺到人們的需求，並對自己的良知做出回應，也應用才智和熱情去滿足這種需求；首先是個人的努力，接著是建立信任並尋求創造性的解決方案，最後是通過制度化的手段（組織機構）來滿足社會需求。他在激勵他人尋找心聲的同時，也找到了自己的心聲。這種小額貸款運動（microcredit movement）現在正傳遍世界各地。

解決方案

本書的目的是給你一張地圖，引導你走出痛苦和沮喪，讓你不僅在工作和組織，甚至在整個生活中，跨向真正的成就。簡而言之，它將引導你去找到自己內在的聲音。如果你接受這種選擇，無論地位如何，你的影響力將大大擴展，激勵你所關心的人、你的團隊、組織去尋找自己內在的聲音，並提升他們的效能、成長速度及影響力。你將發現這種影響力和領導權威來自選擇，而不是來自地位或職銜。

擺脫痛苦、求得長期解決的最好方法，首先要理解造成這種痛苦的根本性問題。在尤納斯的例子中，問題主要在於拒絕貸款的銀行家源於片面的、根深柢固的錯誤思維模式，或對人類天性的錯誤觀念——低估了窮人對財產的判斷力、低估了他們的才智和潛能。

就像人類歷史上最重要的突破一樣，解決方案來自於徹底打破舊觀念。只要有足夠的耐心，努力去理解根本問題，然後按照永恆且放諸四海皆準的原則來生活，那麼你的影響力必將由內而外穩定增長，你將在這瞬息萬變的世界上找到自己內在的聲音，並能激勵團隊和組織也尋找到他們內在的聲音。

2 問題

如果基礎受到影響，一切都將搖搖欲墜。

——管理學家 戴維斯（Stan Davis）

管理思想家杜拉克說過：

幾百年後，當歷史學家從較長遠的觀點來看我們這個時代，最重要的事件不會是技術的發展，不是網際網路，也不是電子商務，而是遭遇前所未有的變化。這是歷史上第一次，人們可以做出自己的選擇，而且是愈來愈多的人可以做出選擇。這是第一次，人們不得不自我管理。然而，社會完全沒有做好準備。

要理解時代的核心問題，以及杜拉克預言性的判斷，必須回顧人類文明發展的五個階段——從狩獵採集時代、農業時代、工業時代、知識時代，到正在浮現的智慧時代。

你可以假設自己在歷史上後退幾步，變成了一個獵人或食物的採集者。每天你帶著弓箭、石頭和樹枝獵取食物，你所能看到、知道和善於做的就是這些活動。這時，如果有人試圖說服你改行做一個所謂的「農夫」。你認為自己的反應會是什麼？

你看到那個人走到戶外亂抓、亂刨一番，把很小的種子撒到土裡，但看不到什麼特別的事情發生；接著，他澆水，除去雜草，還是看不到什麼特別的變化。但是最後，你見證了一場大豐收。你發現，儘管自己是公認的最佳獵手，但農民的收穫竟然是你的五十倍。這時，你可能會對自己說：「即使我想，也做不到。我沒有技能，也沒有工具。」你不知

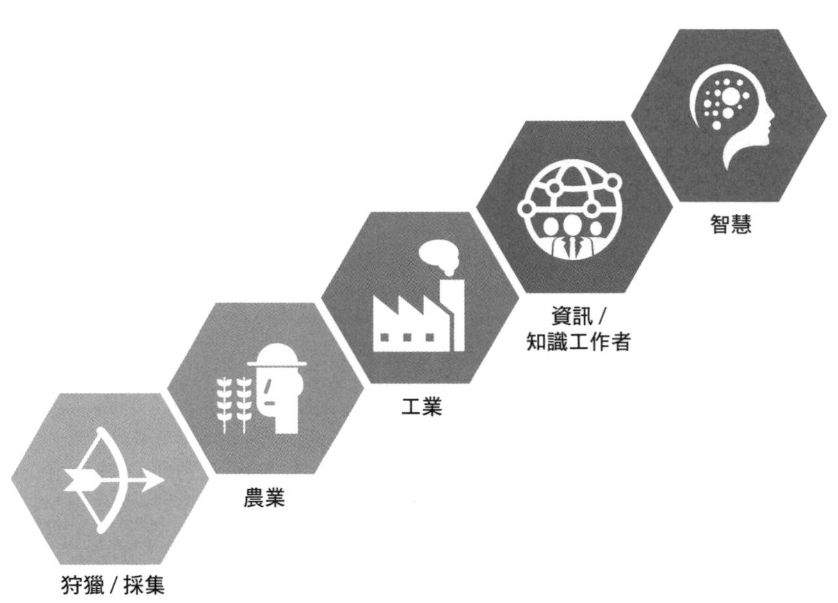

道怎麼和他一樣。

結果，你看到農夫的生產率高，賺夠了錢，還能把孩子送到學校，將來有更好的機會，而自己只能勉強餬口，漸漸的也被吸引而學習務農，也希望培養孩子、孫子成為農夫。這就是早期歷史上所發生的事：獵人和採集者的人數大大縮減了百分之九十以上，換句話說，他們失業了。

幾代以後，工業時代來臨。人們建立工廠、學習專業知識、擴大規模。他們學習如何讓原料以極高的效率通過裝配線。工業時代的生產率比家庭農場又提高了五十倍。現在，假設你是農民，生產率比獵人高五十倍，但突然看到一所工廠的生產率又比農場高五十倍，你會怎麼想？你可能很嫉妒，甚至感到了威脅。但你需要具備什麼，才能成為工業時代的一員？你需要全新的技能和工具。更重要的，你需要一副全新的頭腦、一種全新的思維模式。

實際情況是，工業時代來臨後，農民的人數減少了百分之九十。今天，美國只有百分之三的人口從事農業，他們提供了全國大部分食品，還大量出口世界各地。

你是否相信，我們即將進入的知識時代，能把生產率再提高五十倍？我相信，而且目前已經窺見端倪。前微軟應用軟體事業部副總裁（科技長）梅沃爾德（Nathan Myhrvold）說過：「與一般軟體發展人員相比，頂尖軟體發展人員的生產率，不是高出十倍、百倍、甚至不是千倍，而是萬倍。」

高品質知識的工作十分珍貴，其能量的釋放，將帶給組織意想不到的創造價值的機會。事實上，知識工作者是組織和其投資的連結，唯有他們能提供關注的焦點和創造力，大大提高其他投資的利用率，以達成組織的目標。

我相信，隨著知識時代的來臨，百分之九十工業時代的勞動力終將消失。當前資源的過分消耗和失業的趨勢不過是冰山一角，事實是，工業時代的工作機會將漸漸消失。與其說這與政府政策和自由貿易協定有關，不如說是因為我們的經濟正迅速迎向知識時代的來臨。所以學習全新的思維、技能和工具，將成為必須。

你不妨想像，為了成為新時代的一員，要做些什麼？而組織又該做些什麼？

杜拉克把勞力工作者時代與知識工作者時代做了比較：

二十世紀管理最重要的貢獻，就是把機器生產流程中，工作者的生產率提高五十倍。而二十一世紀管理最需要做出的貢獻，是也把知識工作者的生產率提高五十倍。以往，組織最有價值的資產是生產設備；在二十一世紀，則是知識工作者及他們的產能。

以物為中心的思維

歷史學家湯恩比（Arnold Toynbee）認為，可以用一個簡單的觀念概述人類的歷史，就是：「沒有任何事物比成功更容易消亡。」換句話說，當你面臨新的挑戰，而過去曾經成功的模式不再有效時，成功反而容易導致失敗。

我們生活在知識時代，然而大多數組織仍然採用工業時代的模式運作，抑制了人類潛能的釋放。人們要傾聽內心的聲音，感覺遙不可及。今日很多組織的舊思維根本無法應付新經濟，更有甚者，人們把過去追求控制的思想帶回家庭，結果是：我們在與伴侶溝通，或者管教孩子的時候，也經常採用這種方式。

工業時代主要的資產，以及經濟繁榮的主要推動力是機器和資本，也就是物。人雖然必須，卻是可以替換的。你可以控制、壓榨勞力工作者，而不會有什麼不良後果，因為供過於求，不怕找不到可以遵守嚴格紀律的人。人就像物一樣，可以高效「處理」，並不真正需要他的思考或心靈（這些都會阻礙工業時代流程的快速運轉），這是把「人」降低到「物」的層級。

許多現代管理理論都源於工業時代，它讓人相信，管理者必須控制、管理部屬。它產生了當前的會計制度，其中人是支出，機器是資本。它賦予我們「軟硬兼施」的哲學——用報酬在前面引誘、用恐懼和懲罰在後面驅趕；它也導致了集中統一的預算編制，形成了金字塔層級結構和官僚主義，驅動組織成員用消極的方法「完成數字目標」，產生馬屁文化，傾向於「把錢花了以免明年沒有」，而且還保護了部門的落後者。

問題是，這使得很多新時代的經理人，仍然把工業時代追求控制的模式，應用在知識工作的管理上。許多處於權威地位的人，沒有看到部屬的真正價值和潛能，無法完整而準確的理解人類天性，他們對待人就像對待物一樣。這種缺乏理解的狀況也阻礙他們開發部屬的才智、天賦和主動性。

如果你今天對待人和對待物一樣，會使人覺得受到侮辱，使他們離心離德，造成互不信任、無法團結的文化。如果你對待十多歲的孩子就像對待物一樣，他們同樣會感到受辱而與你疏遠，使家庭關係中充滿了互不信任、爭論和反叛。

由上到下的共同依賴

如果管理人就像管理物一樣，人們會將領導等同於職位，不認為它是一種選擇。然而，個人領導（發揮影響力）是一種選擇，是一種必須自己去贏得的自由——只有當你贏得之後，領導才會變成一種選擇。

如果認為只有身居高位的人才能決定什麼該做、什麼不該做，人們就是下意識的同意自己就像物一樣受人控制；即使看到自己的需求，也不採取主動。他們等待主管下命令，按指示行動，事情出錯時責怪主管，一切順利時也將榮譽歸於主管，自己則因為「合作和支援」而接受表揚。

這種依賴性和缺乏主動，反過來又加深主管以命令的方式來指導或管理部屬。主管相信，為了讓部屬有所行動，就必須如此。這種循環會形成一種共同依賴（codependency）的文化，且變得制度化，最終造成無人承擔責任的結果。

思維模式的力量

美國作家賈德納（John Gardner）曾經說過：「大多數有問題的組織是因為滋生出一種功能性的盲目，看不見自己的缺點。它們的癥結並不在於無法解決問題，而是根本看不見問題。」愛因斯坦的說法是：「面臨重要問題時，我們若停留在發生問題時的思想高度，是無法解決問題的。」

我從生活中領悟出一個最深刻的學習心得：如果你只想讓生活發生較小的變化和改進，只要關注自己的行為和態度就好。但是，如果想讓生活發生本質上的重大變化，你就必須改變自己的思維模式。

思維模式（paradigms）這個詞來自希臘文paradeigma，最初是一個科學術語，但現在已變成普通用語，意思是感知、假說、理論、參考系統，或者說是透過它來看世界的一副眼鏡。它就像一個城市的地圖，如果不準確，不管你多麼努力尋找目的地，態度多麼積極主動，仍然會迷路。唯有地圖準確，勤奮和態度才有用。

中世紀人們用放血來治療病患。那時的思維模式是：有不好的東西在血液裡面使人生病，所以要把它放出去。如果你不曾質疑這種思維模式，你會繼續這麼做，而且做得更快，讓病人的痛苦愈少。

直到十九世紀，匈牙利的山姆維茲（Semmelweis）、法國的巴斯德（Pasteur）和其他注重經驗的科學家，發現細菌是疾病的主要元兇時，創造了醫學研究的全新領域。細菌理論讓孕婦要由助產士來接生，解釋了為什麼戰場上大多數人是死於葡萄狀球菌感染，而不是子彈。直到今天它仍然指導著衛生保健上的實務。

這就是正確思維模式的力量——它能解釋問題，然後提供指導。新的知識時代將奠基於新的思維模式，一個完全不同於工業時代的以物質為中心的思維模式。我們稱之為全人思維（Whole-Person Paradigm）。

全人思維模式

為什麼那麼多人在工作中無法得到滿足感？為什麼大多數組織無法激發職員的才能、機智和創造性，無法成為卓越而持久的組織機構？問題的核心是，這一切都源於我們對真我——也就是對於人類天性，有著不完整的思維模式。

人類之所以和物有所不同，全因為具有四大要素：身體（body/physical）、心智（mind/mental）、情感（heart/emotional）和心靈（spirit/spiritual）。

有史以來，無論是西方還是東方的哲學和宗教，都講述了這四個基本相同的元素。也

全人思維模式

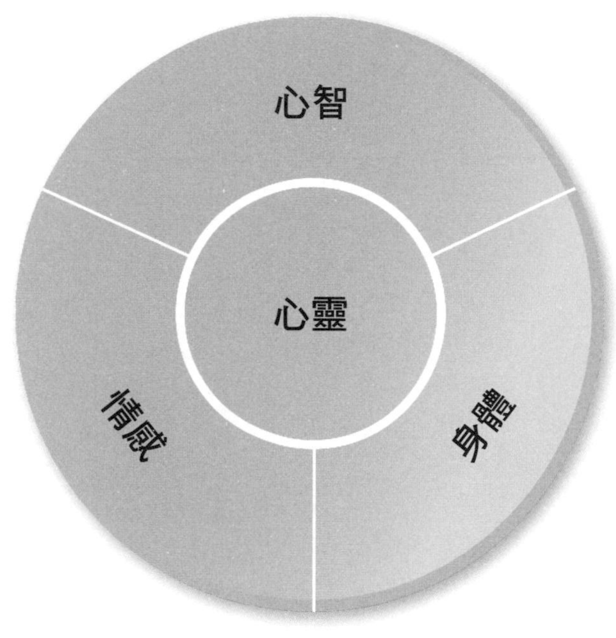

人類四項基本需求

許使用的言語不同，但它們都代表了人類四項基本需求和動機：生活（食衣住行等生存下去的物質需求）、學習（自我發展與成長的心智需求）、愛（人際關係，也就是愛人、被愛，有歸屬感的情感需求）和發揮影響力（人生有意義和對他人有貢獻的心靈需求）。

因為人有選擇的自由，因此會因為自己所受的待遇，以及如何發揮四項天賦才能，而選擇對待工作的態度。選擇範圍很廣，從「反叛或離開」到「創造性的振奮」都有。

現在，請你思考，在下列五種處境中，你會從第四十二頁圖中所列出的六個選項，選擇哪一種？

一、你受到不公平的對待。在你的組織中盛行各種政治遊戲，存在裙帶關係，報酬體系不公平，你得到的回饋不能準確反映你的貢獻。你的選擇是什麼？

二、你得到的報酬還不錯，但沒有受到和善的對待。也就是說，你沒有得到尊重，所受的待遇也反覆無常，很大程度上由你老闆的情緒來決定。

三、你的報酬不錯，也受到了和善的對待，但需要你提出意見的時候，卻只能採用別人的意見。換句話說，你的身體和情感受到了尊重，但你的心智卻沒有。這時你的選擇是什麼？

四、你的報酬很不錯，受到了和善的對待，而且發揮了自己的創造性，但總是讓你挖了洞又填上，或者要求你填寫既沒人看也沒人用的報告。換句話說，你的工作沒有意義。

人們的選擇

創造性的振奮
衷心的奉獻
快樂的合作
自願的順從
懷著惡意的服從
反叛或離開

這時你的選擇是什麼？

五、你的報酬很不錯，受到了和善的對待，而且還創造性的參與了組織的各項工作。但和客戶、同事的溝通存在許多謊言和欺騙，也就是無法顧及心靈的需求。這時你的選擇又是什麼？

請注意，這五種處境涉及了全人思維的所有四個層面——身體、心智、情感和心靈。關鍵是，如果忽略其中任何一個，人就變成了物。為了激勵員工，組織必須施加控制、管理以及軟硬兼施的物質刺激。

我曾經在世界各地、各種情況下提問這五個問題，回答幾乎都是最下面三種——反叛或離開、懷著惡意的服從（意謂著他們會照辦，但希望它失敗），最好的情況也只是自願的順從。但是，在知識時代，人們唯有在從事「完整的工作」，因為是一個「全人」而受到尊重的時候，亦即當他的報酬不錯，受到了和善的對待，能發揮創造力，而且有機會以符合原則的方式服務人類需求的時候，他才會選擇最上面三個選項：快樂的合作、衷心的奉獻或創造性的振奮。

你現在是否了解，組織裡的核心問題及解決方案，就在於我們如何看待人類天性的思維模式？許多家庭問題和社區問題的解決方案，也存在於同樣的思維模式。

接下來，就讓我們探討如何尋求解決的方案。

3 解決方案

沒有什麼比適逢其時的主張更加有力。

——法國文豪 雨果（Victor Hugo）

梭羅（Henry David Thoreau）曾經說過：「揮斧砍向成千的邪惡，不如剷除萬惡之源。」本書正是要徹底剷除問題的源頭。我們在前面兩章討論了現代人的痛苦，還探討了潛伏在痛苦背後的問題，現在讓我們轉向解決方案。

四十年來，我與世界各地的組織機構合作，也努力學習卓越思想家的理念。我發現，許多影響力深遠、發展繁榮、貢獻卓越的組織的建立，起源於重大的變革。而這些變革，往往始於一個人的抉擇。

這個人可能是組織裡的最高主管，如執行長或董事長，但更常見的情況是，變革始於另一些人——一個生產線的經理、某人的助理……他們不受限於職務，率先由內而外的改變了自己。他們的性格、競爭力、積極的能量和主動精神，激發並提升了他人。他們認知了自我的本質，發現自己的優勢和天賦，並利用它們去滿足需求、取得成就。人們注意到，於是賦予他們更多責任，而他們也能肩負新的責任，並再一次獲得成就。

這些人不會陷入組織中令人沮喪的消極因素太久，而且有趣的是，他們組織的情況並不比其他組織好，某種程度上，可說都是一團糟。只不過這些人體認自己不能坐等組織或老闆改變，他們成了平庸海洋中的傑出之島。而這是會傳染的。

從哪裡來的巨大內在力量讓他們逆流而上，抵抗消極文化，壓下自私的欲望，發展並維持自己的願景和決心？

因為他們認識到自己的本性和天賦，利用它們開發出想成就偉業的願景；他們採取主動，運用智慧理解需求與機會，並運用獨特的才智來滿足這些需求，這又反過來提高他們內心的積極性，結果就產生了巨大的變革。簡而言之，他們找到且運用了自己內在的聲音。他們服務並激勵他人。

這些人應用讓人類和組織成長的原則，也就是符合「全人」（身體、心智、情感和心靈）的原則。同樣重要的是，他們還選擇去影響、激勵他人，讓更多人也透過同樣的原則去尋找自己內心深處的聲音。

我所謂的解決方案，也就是第八個習慣的真諦：「發現內在的聲音」，包含了兩個部分：一是「找到自己內在的聲音」，二是「激勵他人尋找內在聲音」。這就像一張路線圖，讓組織裡任何人都能達成最大的成就，發揮最大影響力，成為不可或缺的貢獻者，並激勵團隊或夥伴做同樣的事情。

本書因此分為這兩大部分，做進一步的探討。

找到自己內在的聲音

下頁的圖描繪了生活中兩條完全不同的道路，也是第八個習慣的簡單大綱：「找到自

通往卓越的地圖

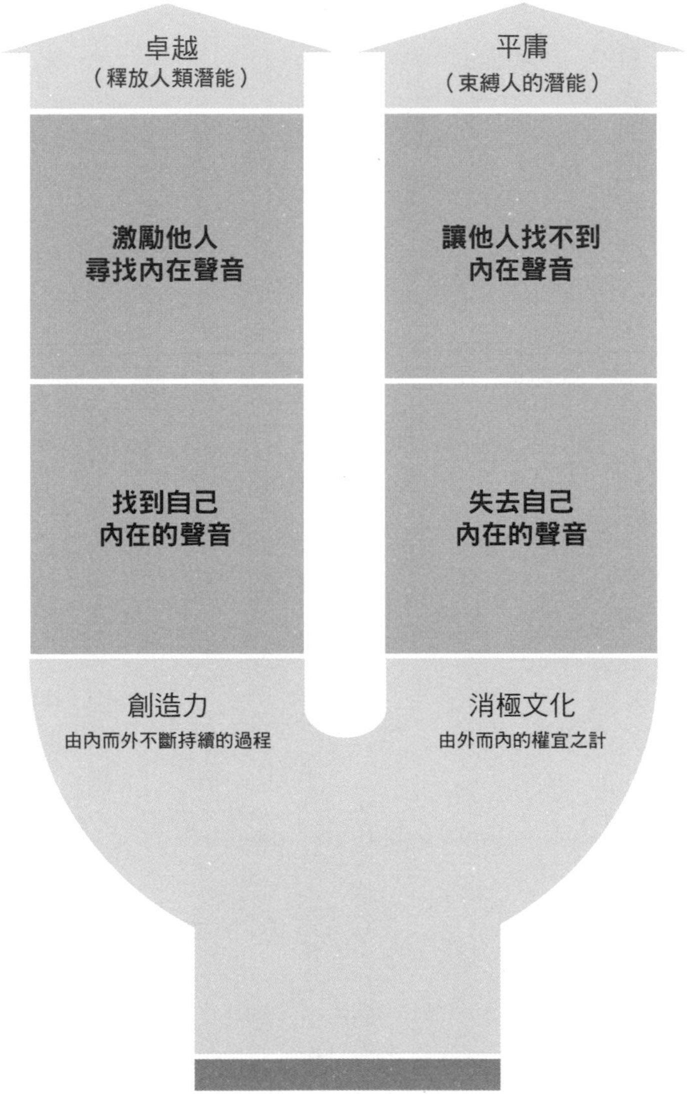

卓越
（釋放人類潛能）
平庸
（束縛人的潛能）
激勵他人
尋找內在聲音
讓他人找不到
內在聲音
找到自己
內在的聲音
失去自己
內在的聲音
創造力
由內而外不斷持續的過程
消極文化
由外而內的權宜之計

己內在的聲音」，以及「激勵他人尋找內在聲音」。這種畫著兩條路的圖將出現在後續每章的開始，每個新版本的路線圖都強調了該章的重點。這樣你就能清楚自己目前所處的位置、你以前走過的路（學過的部分），以及你將走向何方（即將學習什麼）。

無論男女老少、有錢還是貧窮，每個人都在以下兩條路中抉擇：一是通往平庸、寬廣而易行的大路，另一條則是通往卓越和意義的道路。

這兩個目的地有著天壤之別。通往平庸的路束縛了人類的潛能；通往卓越的路則釋放人類的潛能，並將之轉化為現實。通往平庸的路是生活中的捷徑和「權宜之計」；通往卓越的路則是由內而外、逐漸成長的過程。通往平庸的人，所貫徹的「文化軟體」（cultural software）是利己主義、放縱、貧乏、比較、競爭和受害者心理；通往卓越的人則超越了消極文化的影響，選擇成為自己生活的創造性力量。

「內在的聲音」就是通往卓越的道路。走在這條路上的人會找到自己的心聲，並激勵他人去尋找，其他的人卻永遠不會。

靈魂對意義的追求

每個人的內心深處都有一種渴望——活得卓越而有所貢獻，過著真正重要、有所作為的生活。

我曾經訪問一位軍事基地的指揮官，他滿懷熱情，承諾要在組織內掀起重大的文化改革。他服役三十多年，官拜上校，而且即將退休。他在基地內進行了幾個月的教學和培訓之後，決定留任。我問他為什麼打算留下來，因為這是一個重大的行動，他需要抵抗昏庸懶散、缺乏信任、無所事事的傳統勢力，逆流而上。我甚至跟他說：「你實在可以放鬆一下，準備光榮退休。」

他變得很嚴肅，沉默了很長一段時間後，告訴我一段很私人也很神聖的經歷。他的父親最近剛去世，臨終前對他說：「孩子，別像我一樣。我對你和你母親都做得不好。我從未真正有所作為。答應我，你不會像我這樣生活。」

上校把這些話看作父親所留下的最重要的禮物和遺產。當下那一刻，他決定在生活中有所作為。他本來打算退休，事實上還私心希望繼任者的表現不如自己，當他有所頓悟之後，決心建立持續有效的領導原則，做改革的催生者，而且要讓繼任者做得比他更加成功。他努力把這些領導原則在組織的系統結構中制度化，並傳承下去。

他還告訴我，直到與父親訣別那一刻之前，他一直選擇容易走的路，選擇過平庸的生活。因為父親的一番話，他前所未有的下定決心過卓越的生活，過真正有所貢獻的生活，也就是確實有所作為的生活。

每個人都能下定決心放棄平庸，在家裡、在社區或在工作中活出卓越。無論環境如何，我們都能做出這種選擇，把卓越表現在各個層面——選擇面臨絕症時仍保持信心；讓某個孩子的生活從此改變，讓他擁有價值和潛力的觀念；選擇成為某個機構內改革的催生者；成為社會某個宏偉事業的發起者……。

每一個人都擁有決定過卓越生活的力量，無論在通往平庸的路上走了多遠，我們永遠可以選擇轉換跑道，永不嫌晚。

激勵他人尋找內在聲音

一旦你找到了內在的聲音，擴展影響力、增加貢獻，等於也激勵了他人去尋找他們的聲音。「激勵」（inspire）一詞源自拉丁文inspirare，意思是「把生命注入他者」。當你認可、尊重他人，設法讓他人能在身體、心智、情感和心靈等四個層面發出自己的聲音，如此，他人潛在的天賦、熱情、創造性、才能和內在動力，就獲得了釋放。唯有大多數員工和團隊成員表達了自己的心聲，組織才能獲得更高層次的成就，在創新、提高生產率、開拓市場和領導社會潮流上取得突破。

本書的第三部分從第六章開始，講述如何激勵他人尋找內在的聲音，發揮真正的影響力。你很可能會有許多疑問，許多「但是」，第四章以後的各章章末都列有「問題與解答」，希望對你有所幫助。

應用所學於生活

當然，如果你想讓本書的觀念發揮最大的效用，想採取主動、改變生活，推動組織成長，我在此提供兩項簡單易行的方法，如果願意採納，絕對會有巨大的收穫：一是教授他人，二是有系統的應用所學，也就是付諸實踐！

知而不行，非知也。學而不用，也不是真正的學習。唯有透過實踐，透過應用，知識和理解才能變成自己的東西。就像是你可以利用閱讀研究網球，但如果不親自下場，就不可能真正了解網球這種運動。知而不行，不是真正的知。

你至少可以用以下四種方式，應用本書所學：

一、從頭讀到尾，然後再決定把哪些心得應用在自己的工作和生活上。這是大多數人採用的方法，反映出很多人都有在情感或心智上與書中的想法或理念產生共鳴，並隨之翱翔的渴望。

二、先讀一遍，有個大概的認識，再帶著應用的目的閱讀第二遍。

三、把本書做為一年期的個人成長規劃，相信能讓你取得極大的收穫。從下一章開始，後面的每一章相應於一個月，你可以先閱讀，再於該月的其餘時間付諸實踐。你會發現，如果確實應用學到的知識，那麼你對其餘章節的洞察力將會更深刻。

四、第四種方法與第三種基本上一樣，只不過是按照你自己的時間表來實踐。有些讀者可能希望更快或更慢些。每週、每兩週或每兩個月閱讀並應用本書的一章，或按其他的時間表來進行，這樣就能保留第三種方法的優點，又具有靈活性，能符合你自己的期望和客觀條件。

在進入第二部**「找到自己內在的聲音」**前，請思考前美國總統林肯的話：「寧靜的過去中合宜的教條，不再適合充滿風暴的現在。」我們必須重新思索，不僅養成一種新的思維，還要創造新的技能和工具。這是很困難的事，因為它把每個人都「甩」出自己的舒適區。但是，新的現實、經濟、挑戰正在浮現，需要新的回應、新的習慣。

請記住，你的習慣是知識、態度和技巧的綜合物，所以當你逐漸開發出自己在第八個習慣領域內的知識、態度和技巧，也就愈能戰勝這個新挑戰，並開發出更多的潛能。

第二部

找到自己內在的聲音

想得到一種新的哲學、一種新的生活方式，必然需要付出昂貴的代價，只有那些有耐心又做出極大努力的人才會獲得。

——杜斯妥也夫斯基（Fjodor M. Dostojevskij）

4

尚待開發的天賦

你有許多天賦，是自然贈與的禮物，有生以來尚未開發，請珍視這天賜的寶庫。

——波斯詩人 哈菲茲（Hafiz）

找到自己內在聲音的能力，隱藏於我們與生俱來的潛能之中。雖然是潛伏的、尚未開發，種子卻早已種下。

自然賦予我們高尚宏偉的「與生俱來的禮物」，但是，如果我們不下定決心努力，大部分仍會停留在未開發狀態。

每個人都有極大的內在潛力，甚至可以說是無限的。我們確實不了解一個人的能力究竟多大，好比說嬰兒，應該可以說是宇宙中最依賴他人的人類，但幾年之後他的力量就變得非常巨大。因此我們應該積極運用、開發天賦才能，獲得的將會增加，能力也就愈大。

接下來，讓我們審視人類與生俱來、最重要的三項天賦：「選擇的自由」、「遵循原則」，以及「四種才能」。

選擇的自由

將近半個世紀以來，我一直在世界各地、各個領域，參與和本書主旨有關的工作。如果你問我哪個主題、論點給予人們的影響最大，哪個宏偉想法在靈魂深處引起最強烈的共鳴，如果你問我哪個想法最實用、最中肯、最及時，那麼我會毫無保留、全心全意的回答：那就是人類有選擇的自由。

通往卓越的地圖

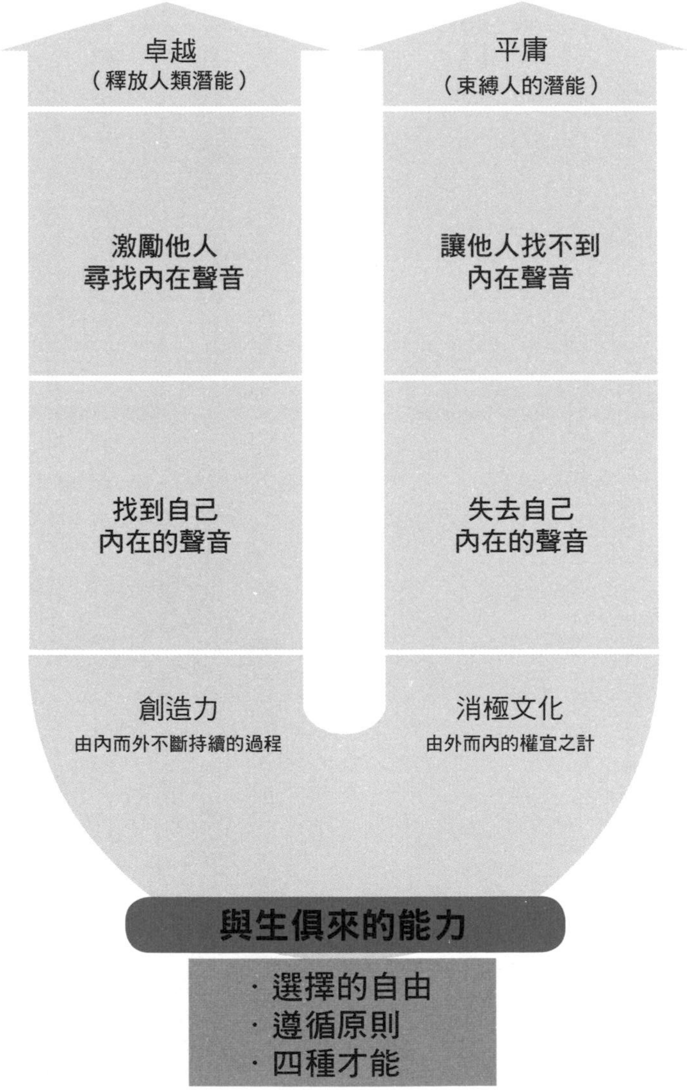

卓越
（釋放人類潛能）

激勵他人
尋找內在聲音

找到自己
內在的聲音

創造力
由內而外不斷持續的過程

平庸
（束縛人的潛能）

讓他人找不到
內在聲音

失去自己
內在的聲音

消極文化
由外而內的權宜之計

與生俱來的能力

- 選擇的自由
- 遵循原則
- 四種才能

除了生命本身，選擇是人類最重要的權利。這種權利和自由，與盛行於今日、說自己是受害者，而把責任推給他人的思維和文化相比，真是有天壤之別。

基本上，現在的你是你所有選擇的結果，而不是自然（基因）或培養（養育、周圍環境）的結果。當然，基因和周圍文化也經常造成影響，但是不會產生決定性作用。

人類的本質，就是能決定自己的生活方向。人可以主動，而動物和機器人只能被動反應。人類能基於自己的價值觀做出選擇，而選擇方向的能力，讓你能重新定位，改變未來，給自己以後的創造和貢獻帶來重大影響。它是使其他才能得以應用，讓我們不斷昇華的天賦。

我曾經在瀏覽一段文字時，深深被打動了：

> 在刺激和回應之間有一段空間，
> 這段空間裡，我們有自由和能力選擇自己的回應。
> 我們的成長和幸福取決於自己的回應。

有些人面對逆境時選擇逃避，刺激與回應之間的空間就慢慢變小；而另一些人在面對不利的基因、強大的社會和文化潮流時選擇逆流而上，反而發現自己的選擇自由增大、成長加快、生活更幸福。

在刺激和回應之間的這段空間，代表了我們選擇如何回應當時處境的能力。當然，有一些遭遇我們是無法選擇的，其中一個就是基因組成——雖然我們無法選擇自己的基因，仍然有能力選擇對它的回應。比方說，如果基因讓你容易罹患某種疾病，也不意謂著你必然罹病，如果能運用自我意識和意志力，加上適當的鍛鍊、飲食和先進的醫學知識，就有可能避免罹患疾病或癌症。

這些開發自己選擇自由和力量的人，我稱之為「轉型者」（transition person）——他們是停止把家族數代相傳的消極傾向，再傳給下一代的人。

除了家庭，你也能在機構內當一個「轉型者」。例如，你的老闆可能很難相處，工作環境可能既不公正，也不令人愉快。然而，你可以利用自由選擇來改變這一切，並深刻的影響老闆。至少，你可以選擇不受困擾，不讓自己的情緒受他人缺點的控制。請記住，一旦你的情緒受到他人的控制，自己就變得無能為力，並允許他繼續攪亂你的生活，讓昨天又一次控制了明天。

以下的故事，就是運用選擇的力量發揮影響力的好例子，主人翁甚至領導了他的「壞」老闆：

我任職於人事管理委員會時，曾聽聞有關老闆多麼可怕的各種傳言。有一次，我看到他對一個員工大發雷霆，從那一刻起我就暗暗發誓，絕不惹他生氣。我遵守了自己的諾言，在走廊遇到老闆時對他畢恭畢敬，我甚至不願與他打高爾夫球，擔心如果他輸給了我沒有面子。

我發現自己變得太過謹慎，終日埋首於我無法控制的瑣事，把寶貴的創造力浪費在苦思怎樣應付一些還沒發生的事情上。由於心存恐懼，我在工作中沒有為公司盡心盡力，實際上，唯一我覺得無傷大雅的舉動是跳槽，我甚至約好了面試的時間。

我對自己的所作所為感到羞愧，於是取消了面試安排，下定決心要集中心力在自己確實能影響的事務上。首先，我決定改善與老闆的關係——我們不一定要成為好朋友，但必須像同事那樣。

有一天老闆來到我的辦公室，交談幾句以後，我說出已經在腦海中練習了好幾遍的話：「我能做些什麼來幫你提高工作效率？」

他感到困惑：「這是什麼意思？」

我鼓起勇氣繼續說：「我的任務，本來就是讓你的工作更輕鬆一些。」雖然緊張，我還是強迫自己露出微笑，意思是「別認為我很古怪喲」。我永遠不會忘記當時他臉上的表情。這正是我們關係出現轉機的起點。

最初老闆只是讓我去做一些不起眼、也不會讓我感到振奮的小事，諸如「幫我打一下這份備忘錄，」或是「你介意幫我打個電話嗎？」這樣過了六週以後，他來找我說：「我從你的背景資料得知你很了解公司員工的情況。我們的保險費率有點高，你看看是否能在這個問題上做些什麼。」

這是老闆第一次讓我去做對公司有重大影響的工作。我把每年二十五萬美元的員工保險費，合理降低到十九點八萬美元。此外，我還利用保險公司在處理幾項理賠案例上的錯誤，又節約了一萬多美元。

我很快發現，由於把注意力集中在我能做什麼來改變工作環境，我的人際關係和影響力確實改善了。現在，我和老闆非常信任彼此，我覺得自己在這個問題上做出了貢獻。

我請各位深入思考這第一個天賦，反思刺激和回應之間的空間，明智的利用它來擴大自己的自由，不斷成長、學習並做出貢獻。最後你的練習會增強你的回應，直到回應反過來影響刺激，創造自己的周圍世界。就如同卓越的美國哲學家，也是心理學家詹姆斯（William James）不斷教導我們的一樣：當我們改變思想的時候，也就改變了自己的生活。

遵循原則

我們之前所討論的，是明智的利用刺激和回應之間的空間，也就是做選擇的自由。而「明智的利用」是什麼意思？智慧在哪裡？它意謂著生活要遵循原則或自然法則，而不是跟著「權宜之計」的文化走。

愛因斯坦四歲時就注意到有所謂的「羅盤原理」，他認為每件事情背後必有「深深埋藏其中的某種原因」。這也同樣適用於生活的其他範疇。原則是普遍適用的，可以跨越不同的文化和地理環境，放諸四海皆準。原則也是永恆不變的，諸如公平、和善、尊重、正直、誠信、服務他人、有所貢獻……，不同的文化可能有不同的說法，但是原則確實存在。它們就像引力法則，一直都在。

原則也無法論證，它們是不證自明的。

有一次我在求生營當助教，帶領大約三十位學生。我們一整天沒有吃飯、沒有喝水也沒有睡覺，翻山越嶺到了河邊，我們必須穿越河流到達彼岸才能獲得水和食物。我帶著對體力的信心，自告奮勇首先過河。但是，當我在繩子上翻騰，感到力氣不濟的時候才試圖盡快過河，卻為時已晚，我就在河流的中央掉了下去。

最後，當我到達下游的對岸，筋疲力盡的躺在那兒時，學生們忍不住大笑並發出歡呼——真是對「傲慢是失敗之母」的完美寫照。身體是一個自然系統，遵循自然法則，任何積極思維也無法超越肌肉條件的極限。

這就是我所謂自然權威和道德權威的不同。自然權威的意思是自然法則支配一切。不管你喜歡與否，所有的行動都有後果。如果你從十層樓跳下，你不可能在掉到第五層的時候改變主意，萬有引力控制一切。

此外，因為自然賦予人類選擇的自由和力量，因此人類也擁有了自然權威，能支配其他生物。瀕臨絕種的生物沒有選擇的自由和力量，缺乏自我意識、無法重新設計自己，而且受制於人類。

而道德權威就是以符合原則的方式，運用選擇的自由和力量。換句話說，如果我們在人際關係中遵循原則，我們就受到了自然的眷顧。自然法則（如萬有引力）和原則（如尊重、正直、和善、誠信、公平、服務他人），左右了所有選擇的後果。正如我們若是不斷破壞環境，就只能忍受污染的空氣和水源一樣，當你總是待人粗暴、不講誠信，信任就必然受到破壞。當你能以符合原則的方式，謙遜的運用選擇的自由和力量，就從周圍的人、文化、組織甚至整個社會，獲得了道德權威。

價值觀是社會的規範，它們是個人的、感情的、主觀的，而且是可以思辨的。大家都有價值觀，甚至連罪犯都有，然而關鍵的問題是：價值觀是否以原則為基礎？追根究柢來說，原則是一種自然法則，是客觀及不證自明的。行為受個人的價值觀控制，但事情的後果則受你是否遵循原則而定，因此我們必須尊重原則。

「追星族」就是一個例子，他們的價值觀並不是鎖定在原則上，「流行」決定了他們的道德重心。因為他們的生活以時下流行的社會價值觀為基礎，無法了解自己的本質，更不知道該遵循哪些原則。這就好比在飛航中失去了地面的參考系統，而完全迷失方向一樣，許多人在生活中也是暈頭轉向，或陷入道德泥淖。我們都看過這種人——他們從不肯花力氣找到生活重心，或把價值觀鎖定在不變的原則上。

因此，你的關鍵任務是確定哪邊是「真北」方，然後把一切對準那個方向。就如同之前所說，雖然價值觀控制著你的行為，但原則卻會影響後果。道德權威就是要犧牲短期的、自私的利益，運用勇氣，不受時下流行的社會價值觀影響，服從於原則。良知，正是存放這些原則的倉庫。

四種才能

正如前面所說，我們天性的四個要素是心智、身體、情感和心靈，與這四個部分相對應的是每個人都擁有的四項才能：智力才能（IQ）、身體才能（PQ）、情感才能

（EQ），和精神才能（SQ）。這四項才能就是我所謂的第三項天賦。

一、智力才能（Mental Intelligence / IQ）

談到才能，通常我們想到的是智力才能（亦稱為智商），亦即分析、推理、抽象思維、語言運用、心靈演練以及理解的能力。但這種解釋過於狹義。

二、身體才能（Physical Intelligence / PQ）

身體才能，是另一項才能，但我們卻經常忽略它。只要想想，在沒有任何意識努力的情況下身體仍持續運轉，你就知道它的存在。它讓你的呼吸、神經及其他系統正常運行。它不斷掃描周遭環境，摧毀出了毛病的細胞，讓你繼續生存。

醫學理論承認，身體是能讓自身痊癒的良藥，醫藥只是有助於復原或排除一些阻礙痊癒的障礙，但如果醫藥與自癒的功能逆向而行，反而可能導致障礙。

我們的身體是個極靈巧的機器，甚至超越了最先進的電腦。我們按照自己的思想和感覺行動的能力無與倫比，我們促使各種事物發生的能力，也是其他任何物種無法企及的。有愈來愈多科學研究顯示，身體、思想和感覺之間，存在密切關係。

人類四項才能

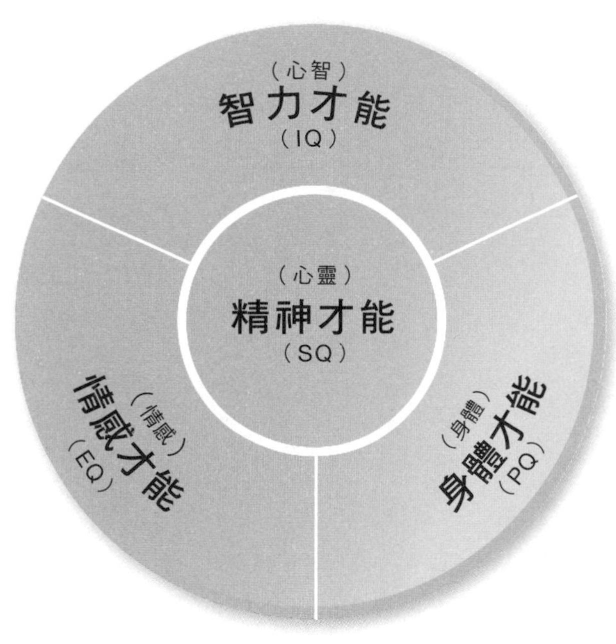

三、情感才能（Emotional Intelligence / EQ）

情感才能是一個人自我了解、自我意識、社會感覺、設身處地，及與他人成功溝通的能力。它是一種感覺，也是一種可以體會時機適當與否、理解社會禮儀、勇敢承認缺點、表達並尊重差異的能力。九〇年代以前，ＥＱ成為熱門話題，有時被描述為右腦與左腦的能力不同。

一般認為，人類的左腦較具分析性，是掌管線性思維、語言、推理及邏輯的能力；而右腦則具創造性，掌管直覺、感覺及整體的掌握。關鍵是，我們必須尊重兩者，好好運用來開發各自的獨特能力，也就是把思考和感覺結合，創造更好的平衡、判斷和智慧。

大量研究結果顯示，情感才能比智力才能更是溝通、人際關係和領導方面的成功關鍵。美國心理學家、也是ＥＱ權威的作家高曼（Daniel Goleman）這麼說：

> 與純粹的認知能力相比，情感能力的重要性是前者的兩倍。要在領導崗位上成功，情感能力是決定性的關鍵……據資料研究顯示，具有或能培養這種能力的員工，可使組織的獲利大大提高。
>
> 提高多少？較為單純的職務，如機器操作工人和會計工作，情感能力高百分之一的

人，其生產力是普通人員的三倍。中等複雜程度的職位，如銷售會計和機械師，情感能力最高的人，其生產力是普通人員的十二倍。

有些人把成功的策略僅僅建立在自己的智力才能之上。比方說，某人的智商是十分（假設最高是十分），但情感才能只得了兩分，也就是說他可能不知道如何與人溝通。他們可能想彌補這個缺點，於是更依賴智力，並從自己的領導地位「借」來一些優勢。這麼做，卻往往讓他們放大了自己的缺點，也放大了他人的缺點，反而最後造成人際關係中的盲點。

培育更好的情感才能，是父母和領導者所面臨的最大挑戰之一。

四、精神才能（Spiritual Intelligence / SQ）

第四個才能是精神才能。和情感才能一樣，SQ愈來愈成為科學探索、哲學、心理學討論的主流。精神才能是所有才能裡最核心、也最基本的，它為其他三種才能提供了指導。精神才能代表了我們所追求的人生意義。

精神才能能幫助我們分辨哪些是良知的一部分，以及成為「羅盤」真正的原則。因為羅盤永遠指向北方，也是說明原則時最巧妙的比喻。保持高度道德權威的關鍵，就是永遠遵循「真北」的原則。

《SQ：心靈智商》（*SQ: Connecting with Our Spiritual Intelligence*）的作者祖海爾和馬歇爾（Danah Zohar & Ian Marshall）說得很好：

> SQ不像IQ，因為電腦也具有IQ。它也不像EQ，因為高等哺乳動物也有EQ。SQ是人類獨有的，而且是這些才能中最基本的。
>
> 對人類而言，最重要的問題是尋求生命意義……我們利用SQ來開發生命意義、願景和價值觀的渴望和能力。它驅使我們去夢想，去努力奮鬥。它是我們信仰的基礎，讓我們採取行動時，有信仰和價值觀的基礎。從本質上來說，它使我們成為真正的人。

在生活中，人類的四項天賦才能相互重疊，我們無法單獨討論其中之一。開發這些才能，將有助於你發揮影響力，以及激勵他人尋找心聲的能力。

因此，在本書的附錄一準備了一份行動指南，提供開發每種才能的方法。你可能認為其中有些只是常識，但要記住，知易行難。如果你肯專注於這些領域，我敢保證，你將發現生活充滿了力量與平和。

問題與解答

一、追本溯源，我們是自然（基因）的產物，還是後天（養育和環境條件）的結果？

這個問題源於錯誤的二分法——非此即彼，也源於錯誤的思維模式。人既非自然的產物，也不是後天的結果，而是選擇的產物，因為在刺激和回應之間總是存在著空間。當我們基於原則做選擇的時候，空間就變得更大。

我們確實可以選擇，因此要對自己今天的狀況負責。一個人要能坦誠對自己說：「我成為今天的我、我處於今天的境遇，是因為我選擇這樣的結果」，才能更有自信的說：「我現在要選擇另一種結果。」

二、領導者是天生的，還是後天時勢造成的？

同樣的，這個問題也源於錯誤的二分法。人有選擇的能力，因此領導者既非天生的，也非後天形成，他們是透過選擇適當的回應，而自我造就的。如果他們基於原則而做出選擇，並培養自律精神時，選擇的自由就會不斷增長。

在《奇葩與怪傑：時代、價值觀和關鍵時刻如何塑造領袖》（*Geeks and Geezers: How Era, Values, and Defining Moments Shape Leaders*）中，作者班尼斯（Warren G. Bennis）和湯瑪

斯（Robert J. Thomas）認為，領導者是造就的，不是天生的。他們會因為在某個劇烈轉變的經歷中，做出選擇，讓自己得以成為領導者。

三、我們必須發展所有四項才能嗎？

是的，因為不可能其他三項才能不足，其中任何一項卻能發展成熟。這就是我所謂的正直誠信，也就是人格完整的涵義。它意謂著我們的整個生活是圍繞著原則而結合的。歸根究柢，我們生產和感受快樂的能力，都有賴於品格、誠信。這要求我們不斷努力去開發自己的身體、情感、心智及心靈的能力，當我們離開舒適區，並加強鍛鍊這些能力，它們就會在一段時間的休整和放鬆後，再度連接，甚至增強。

5

表達你的內在聲音

──願景、自律、熱情和良知

最有力量的人是能掌控自己的人。

──羅馬哲學家 西尼加（Seneca）

如果研究那些成就偉業的人——對他人有巨大影響、做出卓越貢獻、造成變革的人，你會發現一個共通點：他們努力不懈，極度開發了自己的四項天生才能。這四項才能的最高表現就是：願景、自律、熱情和良知，這些也是表達自己內在聲音的最佳方法。

願景是一個人在腦海中看到的未來，也就是在人群、專案、事業、企業中蘊藏的可能性。當需求與可能性結合起來的時候，就產生了願景。如果沒有願景、忽略了腦袋裡的創造力，就會成為受害者心理的犧牲品（參看下圖右邊的路徑）。

實現願景需要付出的代價，就是自律。應對實際困難、面對殘酷的現實，完成必須的任務，要靠自律。當願景與奉獻精神結合，就產生了自律。自律與奉獻精神的反面是放縱，也就是犧牲生命中最重要的事，以換取一時的歡樂。

熱情是信仰的火焰、渴望和力量，是維持自律以求實現願景的動力。當人類的需求與天賦才能有了結合點，就出現了熱情。如果人們沒有熱情去尋找自己內在的聲音，進而成就更卓越的事業，那麼他們將充滿不安全感，而淪為社會的鏡子（按時下流行的價值觀判斷一切）。

良知是判斷是非的道德感，是追求生活意義和成就感的動力。它是願景、自律和熱情的指導力量，與利己主義形成鮮明的對比。

這四個詞語，包括：願景、自律、熱情和良知，實際上就是那些影響力人士的共同性

通往卓越的地圖

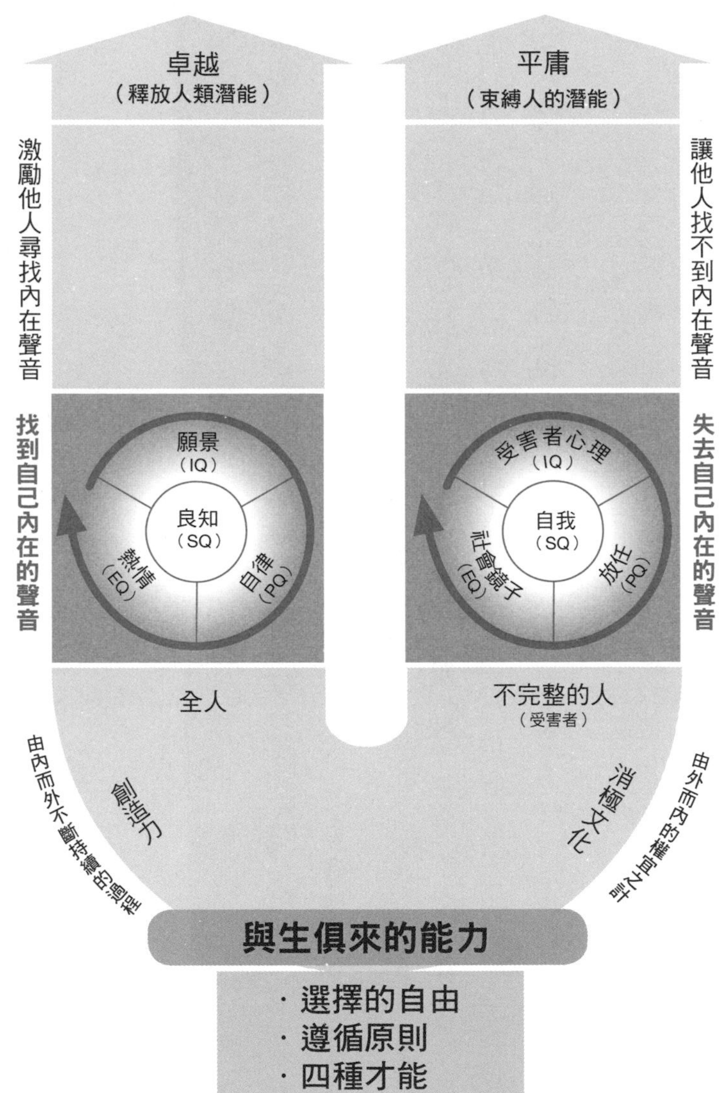
卓越
（釋放人類潛能）
平庸
（束縛人的潛能）
激勵他人尋找內在聲音
讓他人找不到內在聲音
找到自己內在的聲音
失去自己內在的聲音
願景
（IQ）
良知
（SQ）
熱情
（EQ）
自律
（PQ）
受害者心理
（IQ）
自我
（SQ）
社會鏡子
（EQ）
放任
（PQ）
全人
不完整的人
（受害者）
創造力
消極文化
由內而外不斷持續的過程
由外而內的權宜之計
與生俱來的能力
．選擇的自由
．遵循原則
．四種才能

格特徵。

願景、自律和熱情，統治著世界

對組織或社會留下跨時代影響的人，都具備了三個品質：願景、自律和熱情。這三個品質，從一開始就統治著整個世界，也代表了領導的要素。請看一下近代歷史上的幾位知名領袖：

美國總統華盛頓擁有的是建立獨立國家、擺脫外國干涉，並實現統一全國的願景。他嚴格、自律的學習如何徵募新兵、號召人民。面對著殖民地軍官的歧視、英國的土地政策和對美國擴張的限制，華盛頓的內心燃起了對於解放事業的熱情火焰。

甘地終身致力於印度的獨立，雖然他從未享有一官半職，然而他的道德權威建立了社會規範和文化標準，最終成就了政治上的理念。

主要工業國家的第一位女性領導人柴契爾夫人，三次當選英國首相，是二十世紀任期最長的內閣首腦。雖然批評者不少，但她仍然熱情的敦促人民以自律精神負起責任，自立自強。她對支援自由經濟充滿熱情，並成功的幫助英國擺脫了經濟衰退。

德蕾莎修女無條件奉獻給窮苦人民，她高度自律，信守服從、保持純潔和服務貧困的

過有意義的生活

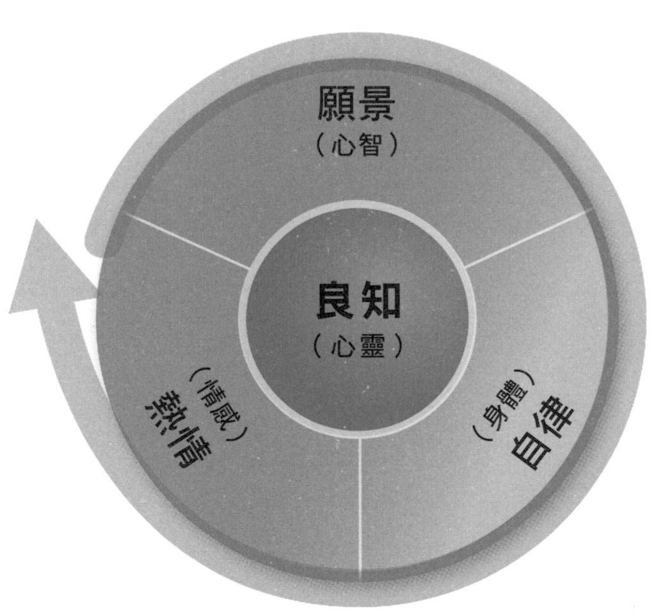

誓言，更把自己的精神也傳承給組織，繼續服務世人。

現在來看另一個領導人，他也具有三個品質，但所造成的後果卻駭人聽聞：希特勒熱情的鼓吹他第三帝國千年統治，以及優越種族的願景。他建立了一個前所未有、紀律森嚴的軍事機器。他傑出的情感才能，表現在極具煽動力的口才上，在幾乎盲目的追隨民眾中煽起狂熱和恐懼，並把這些狂熱導向仇恨和毀滅。

和其他人最大的差別是，他沒有用良知奠定基礎並做出持久的貢獻。

當良知指導著願景、自律和熱情的時候，領導是持久的，能將世界變得更美好。如果良知無法指導願景、自律和熱情，領導不會持久，這種領導下建立的制度也不會持久。換句話說，沒有道德權威的權威必將失敗。

希特勒也有願景、自律和熱情，但他的動力是利己主義。因為缺乏良知，他垮台了。甘地的驅動力來自良知，他只有道德權威，沒有正式權威，卻成為世界第二大國的國父和奠基人。

如果願景、自律和熱情缺乏良知或道德權威，也能改變世界，但世界不會變得更美好，反而會毀滅。

以下，讓我們更仔細考察這四個品質：願景、自律、熱情和良知。

願景

願景是在腦海中看未來，是想像力的應用。所有事物都經過兩次創造：第一次是心智上的創造，第二次是實際的創造。第一次創造，也就是願景，是一個人或組織徹底改造自我的開始。它代表渴望、夢想、希望、目標和計畫。但這些夢想或願景不僅僅是幻想，它們有待實現，就像有待建造的房子的藍圖或有待演出的樂曲。

大多數人從未設想過自己的潛力。心理學家詹姆斯說：「大多數人生活在一個非常有限的圈子裡，比他可能的活動範圍小很多。但是，每個人都可以從中汲取力量和才智，力量之宏大遠超出想像。」

每個人都有不可限量的力量和能力，來徹底改造自己的生活。請注意下述故事中那個悲傷的婦女如何重建生活願景：

我四十六歲的時候，丈夫戈登被診斷出得了癌症，我毫不猶豫的提早退休來陪伴他。他在十八個月後去世了，雖然這在意料之中，但悲傷仍然將我擊潰。我為未完成的夢想而悲傷，為了他無法再擁抱孫子而悲傷。當時的我，只有四十八歲，卻感到沒有生活下去的理由。

就在我生命的低谷、身心交瘁的時刻，我讀了七個習慣。我問自己：「若是天生我才必有用，我的貢獻在哪？」這激勵我去尋找新的生活意義。

我參加了測試，好明白自己最強的才能在哪裡。為了取得生活的平衡，我把注意力集中於人類天性的四要素：在心智方面，我知道自己喜歡教書；精神方面，我希望致力於種族和諧；感情方面，我知道自己願意付出關愛。我母親生前經常在醫院裡哄著重病的孩子入睡，我希望像她一樣把關懷帶給他人。

為了能到大學教書，我去讀研究所。但是研究所的課程對於上了年歲的我，真是難上加難。過去，我習慣把文件交給祕書打字，現在我不得不花一學期的時間，學習在電腦上寫好論文。我靠的完全是意志的力量。

終於，我完成了學業，在一所黑人學院教書。政府委派我在馬丁．路德委員會任職，協助改善種族問題。我哄著精神受打擊、患有愛滋病，掛著呼吸器的孩子入睡。雖然我們相處的時間不長，但我知道自己帶給他們安慰，也得到了愛的回饋。這讓我內心感到十分平和。

現在我生活得很好，並且感覺到戈登在向我微笑。去世前他多次表示，希望我的生活充滿歡笑、快樂的回憶及美好的事物。這番叮嚀仍在耳邊，我豈能虛度光陰？我有義務為了自己熱愛的人而生活得美好——無論他們在地球上還是在另一個世界。

愛因斯坦說過：「想像力比知識更重要。」記憶是過去，是有限的；願景是未來，是無限的。

曾經有人問愛因斯坦，如果可以問一個問題，他想問上帝什麼？他說：「我會問宇宙如何產生？因為以後的一切都只是數學問題。」他想了一會兒後，改變了主意說：「我會問祂為什麼要創造宇宙？因為只有明白這個問題之後，我才能知道自己生活的意義。」

也許最重要的願景是發展一種自我意識——一種對自己目標的意識，一種對於自己在世界上的獨特使命和獨特角色的意識，一種關於目的和意義的意識。

當你尋找願景時，首先要問自己：這個願景是否喚起了我內在的聲音、能力，以及獨特天賦？它是否帶來一種「召喚」的感覺，給予我一個值得獻身的事業？這種做法需要深入的反思，提出深刻的問題並發揮想像力。

重要的是，願景不僅要包括物質世界的可能性，還包括你如何看待他人，以及他人潛在的可能。雖然願景能促使夢想實現、事業成功，但更重要的是，願景讓我們發展了對他人的觀點，讓我們肯定、相信、幫助他人去發現潛力並付諸實踐，也就是幫助他人去尋找他們自己的心聲。

從對方的潛力及其最佳表現來看待他們，而不是從對方的當前行為或弱點來看，就會產生積極的能量，像伸出手相互擁抱一樣。這種肯定對方的行動，既是重建破裂關係的關鍵，也是讓你成為出色的父母的關鍵。

多年前，我去外國旅行，認識了一個大約十八歲的青年。他當時正遭遇人生極大的挑戰，包括吸毒和酗酒。雖然他正在轉變之中，但是我能看出他內心在掙扎，試圖堅持正確的方向卻仍缺乏自信。我看得出來他是個很特別的年輕人，具有出色的潛質。分手之前，我看著他的眼睛告訴他，他具有不尋常的天賦和潛力，這一生會給世界帶來巨大的影響。

大約二十年後，他已成為一位專業人士，事業有成，有一個美滿的家庭。我的朋友最近訪問了他，談話中他提到了前面所描述的經歷。他說：「你根本無法想像，那一個小時對我的影響有多大。有一個人告訴我，我有遠超出自己想像的潛力。這種想法一直留在我的心裡，徹底改變了我的世界。」

養成肯定他人的習慣，經常衷心的講述你對他人的信心，是非常重要的；對於那些正經歷第二個自我認知時期的青少年，更是具有重要的意義。當人們缺乏自信的時候，有人傳達了對他們的信任，這個影響將非常深遠。

自律

雖然自律在行為鏈中居第二，但它與願景同樣重要。自律代表的是第二次創造，它能執行、促進事物的實現，讓人做出必要的犧牲以實現願景。自律的要旨，就是讓今天的歡樂服從於追求長期幸福的過程。

傑出的教育家曼恩（Horace Mann）說過：「那些從不讓衝動服從於原則的人，還談什麼幸福？那些從不犧牲今日以換取未來、從不讓個人歡樂服從於大眾幸福的人，談論幸福就好像盲人在談論顏色。」

我還記得自己當年的掙扎——在五十歲的「高齡」毅然辭職，放棄教授一職的安樂和舒適，選擇建立自己的事業。如果不是為了可能獲得更大成就的願景，我和家人絕不會這樣自律並做出犧牲。為了建立企業，我們債臺高築，兩度抵押房子，多年來心力交瘁，勉強度過每個發薪日。若不是對未來的願景和堅持到底的自律，我們不可能度過這段艱苦的日子。

我確實相信自律是所有成功者的共同特性。〈成功的共通性〉（The Common Denominator of Success）一文的作者葛雷（Albert Gray），窮畢生之力尋求成功的決定性因素，最後發現一個簡單而深刻的道理——雖然勤奮、幸運和人際關係都很重要，但最重要的是「成功者習慣去做失敗者不愛做的事」。成功者當然也不喜歡做這些事，但他們卻能克服情緒，堅持對目標的追求。

缺乏自律、不肯犧牲的人工作時就像在玩。他們整天吹吹菸圈、發發電子郵件、沉溺於工作細節、打電話報告專案現狀、召開冗長的討論會。一般說來，找藉口的人都是注意力不集中和缺乏自律的人。原因總是有的，但沒有一個可以當作藉口。

熱情

熱情來自心靈，表現在樂觀、振奮、情感聯繫和決心上。它是讓人不屈不撓的動力。熱情源自選擇，而不是環境。事實上，熱情讓人成為解決方案的一部分，而不是問題的一部分。

亞里斯多德說過：「你的天賦才能與世界需求交會之處，就是使命所在。」我們可以這麼說：「哪裡有你的熱情，你的內在聲音就在那裡。」兩者交會之處就是點燃生命、賦予動力的心聲。它是願景和自律的燃料，當其他一切都持否定態度的時候，它仍然驅使你前進。

有個人被問到一週工作多少小時，他回答：「多少小時？我不知道。你每週呼吸多少小時？」如果生活、工作、遊戲和關愛都圍繞著同一件事打轉，那麼，你就有了熱情！

締造生活中的熱情的關鍵是，尋找獨特的天賦才能，找到你在世界上專屬的角色和目的——決定想做什麼之前，重要的是了解自己。

一個人的天賦才能、使命或應該扮演的角色，通常是發現，而不是發明出來的。知名作家波斯特爵士（Sir Laurens Van der Post）寫道：

> 我們必須朝自己的內心觀察自己、觀察靈魂，觀察並傾聽，直到你找到那個你一直在夢想的東西。換句話說——回答那黑暗中的敲門聲，否則你無法從這個受禁錮的時刻昇華到卓越。

有一種很流行但錯誤的觀念認為，一個人所擁有的技巧就是他的天賦才能。其實技巧不是天賦才能，反之，天賦才能卻需要技巧。有些人的工作並不需要他的天賦才能，卻還是能練就相關技巧和知識。如果組織分配給他們的工作只需要技巧，卻不需要天賦才能，就不會激發他們的熱情和心聲。他們會完成工作，但需要監督和不斷施予動力。

如果你能雇用熱情與工作崗位有交集的人，那你根本不需要實施任何監督。他們會管理自己，比任何其他人來管理都要好得多。他們的動力來自內心，而不是來自外部。他們的積極性是內在的，不是外在的。只要想想，當你從事感興趣的工作時，你完全受到它的吸引，甚至不顧其他的事情，這時你還需要監督或管理嗎？當然不。讓別人來告訴你何時做或怎樣做，簡直是一種侮辱。

如果你能讓自己投入某項工作，把需求、天賦才能和熱情連結在一起，那將會釋放無窮的力量。

良知

本書一開始就談了很多良知的重要性。有許多證據顯示，良知這個道德感和內心的火焰是普遍存在的。

哲學家康德（Immanuel Kant）說過：「有兩件事總是讓我驚訝不已——高處的蒼穹及內心深處的道德法則。」良知就是內心的道德法則和道德行為的綜合。可能有人不同意，但也得承認，人的內心有對公平正義的意識、對是非的判斷、對和善與不和善的感覺、對貢獻和損害的判斷力、對建設和毀滅的感知，以及對真實和虛假的辨別。當然，不同的文化會以不同的語言和實踐方式，呈現這些基本道德觀，但不會搞錯其本質的意涵。

我曾在許多不同文化、不同宗教的國家工作過，一再見證這普遍存在的良知。確實有一套價值觀跨越了文化，諸如公正、誠實、尊重和有所貢獻……，它們是永恆的，穿越了時間，更是不證自明的。

良知教導我們，目的和手段是不可分的，目的實際上存在於手段之中。康德說過，用於實現目的的手段與目的同樣重要。而馬基維利（Machiavelli）也教導我們：只要目的合理，用什麼樣的手段都是合理的。

請思考下面七件會摧毀我們的事情：一、不勞而獲的財富；二、缺乏良知的歡樂；三、沒有品味的知識；四、缺乏道德的商業；五、不人道的科學；六、沒有犧牲的崇拜；七、無原則的政治。

這些值得讚美的目的，如財富、歡樂、知識等，竟然能利用錯誤的手段來實現，對很多人而言挺有吸引力，但如果你利用錯誤的手段達成令人羨慕的目的，這個目的最終會在你的手上變為塵土。在業務往來中，你知道誰誠實，誰信守承諾，你也知道誰有意欺騙。你與那些不誠實的人縱然簽訂了合約，又是否相信他們能執行合約、信守諾言？

又比方說，你對孩子們吼叫，迫使他們清理自己的房間，那麼也只能達到這個有限的目的。我敢保證，這個手段不但損害了關係，而且只要你離開幾天，他們的房間就又會變得亂七八糟。

良知可以引導我們深刻的改變人際關係，甚至我們的願景、自律和熱情。它讓我們從獨立提升到相互依賴的狀態。一旦如此，一切都改變了。你發現你必須與他人分享願景和價值觀，否則對方不會和你共同實行這些價值觀。分享願景能建立紀律和秩序，而毋須提出要求。良知經常告訴你「為什麼」，願景標識你正努力去「完成什麼」，自律表示你將

「怎樣去完成」，而熱情代表了為何而戰的力量。

良知還能將熱情轉化為同情，產生對他人的真誠關懷，既富同理心又能設身處地，使他人的痛苦被體諒和分擔。《路標》（*Guideposts*）一書的作者瓊斯（JoAnn Jones），講述了她的大學教授如何教她按照良知來生活和學習的經歷：

我在護校的第二個學期，教授進行了一次隨堂測驗。我輕輕鬆鬆做完各項題目，直到最後一個：學校的清潔人員叫什麼名字？

我覺得這肯定是個玩笑。我見過這個清潔人員幾次。她身材很高，五十多歲。但我怎麼會知道她的名字？我交了考卷，最後一題留下空白。

這堂課結束前，有學生問教授，最後一題是否會計算分數，得到的回答是：「當然。你們在職業生涯中會遇見很多人，所有人都是重要的。他們值得你的注意和關心，即使你所做的僅僅是微笑和問個好。」

我永遠不會忘記這個教訓。我也知道了她的名字是多蘿西。

當人們努力按照良知生活，就會保持誠信與平和的心態。德國長老會牧師，也是作家博克（William Boetcker）在二十世紀初期就說過：「與其做你認為是錯誤的事暫時取悅他人，還不如做你認為是正確的事而讓他們不快，這樣你也許還能保持自尊。」反過來，自尊和誠信又幫助其他擁有自尊和誠信的人，培養出和善與勇敢對待他人的能力。

不按良知生活的人，不會感受到這種內心的誠信與平和。他們會受利己主義的驅使，試圖控制人際關係。雖然他們有時假裝和善可親或為人著想，但總會巧妙的實施操縱，甚至是和善的專橫獨斷。

第二部總結

讓我們回顧第二部裡主要的重點。

我們知道，在擁有卓越的潛力與實現一個卓越而有貢獻的生活之間，存在著令人痛苦的差距。一方面，我們意識到工作中的問題和挑戰，另一方面也知道應當開發內心的力量和道德權威來解決這些問題，並成為解決問題的重要力量。這二者之間存在著令人痛苦的差距。

我向你推薦下述簡單的思考方法：一個「全人」（身體、心智、情感和心靈），他有四項基本需求（生活、學習、愛和發揮影響力）、四項才能（身體才能、智力才能、情感才能和精神才能）及相應的四個最高表現形式（自律、願景、熱情和良知），這些都代表

點燃內心之火的思考法

全人	四項需求	四項才能／能力	四項品質	心聲
身體	生活	身體才能（PQ）	自律	需求（看到並滿足需求）
心智	學習	智力才能（IQ）	願景	天賦才能（自律的關注焦點）
情感	愛	情感才能（EQ）	熱情	熱情（熱衷於某事）
心靈	發揮影響力	精神才能（SQ）	良知	良知（做正確的事）

了他的心聲的四個層面（需求、天賦才能、熱情和良知）。

當我們尊重、開發、整合並平衡這些才能及其最高表現的時候，就點燃了內心之火，也找到了自己的心聲。我第一次提出「內心之火」的想法是在我與梅瑞爾夫婦（A. Goger Merill & Rebecca R. Merill）合著的《與時間有約》裡。幾年後，鹽湖城冬季奧運奧會委員打電話給我，希望我授權他們使用「點燃內心之火」做為冬季奧運的主題。我毫不猶豫的回答：「當然可以，我們感到非常榮幸。」

看到他們怎樣利用「點燃內心之火」來描繪人類精神的巨大潛力，我感到相當的興奮和鼓舞。

我在第一章曾說過，內在的聲音位

於天賦才能、熱情、需求和良知的交會點上。我也說過，如果你的工作契合了你的天賦才能、點燃讓你出於良知的驅使，而想去滿足世界的熱情，這就是你的內在聲音，你的召喚，你的靈魂密碼。

利用以下四個問題，列出你在生活中的兩個或三個重要角色。如果你能把天賦才能、熱情和良知，應用於自己的生活，擔任好每一個角色，你就能找到自己的內在聲音：

一、我在家庭、社區、工作單位裡感受到什麼需求？

二、我是否擁有可以滿足這個需求的天賦才能？

三、滿足這個需求的機會是否能激起我的熱情？

四、我的良知是否在激勵我積極投入、採取行動？

如果你對上述問題的回答都是肯定的，並能養成制定行動計畫、付諸實踐的習慣，那我保證你將找到自己在生活中的真實心聲，而且生活也將變得更有意義並充滿成就感。

然後，我們就可以進入第三部分了：激勵他人尋找內在聲音。

問題與解答

一、你所謂的領導方法能否應用在其他層面，例如減少體重、保持好身材？

如果你像大多數人一樣，不時下定決心保持好身材，可能立刻想到的是減少體重。然而，你應當將願景設定在讓自己更健康，而不只是減輕體重。

自律則代表嚴格的鍛鍊、適當的飲食、休息和減壓。熱情代表對這個承諾的動力。良知提供理由、回答為何要保持健康。如果只有外在的動機——為了看起來更苗條、滿足虛榮心、季節交替或過年時才下的決心等等，這種動力通常無法持續，因為理由本身不足以讓你做出全身心的奉獻。請培養一個好習慣，在選擇不該選擇的食品之前，先對自己說：「這只是個情緒上的誘惑，拒絕誘惑將使我更健康。」

很多人設定減肥目標後沒幾天，甚至沒幾個小時就放棄了，陷入這種循環確實很讓人灰心喪氣。他們抱怨：「我就是沒辦法自律。」按照我的經驗，最大的問題不是自律，而是沒有花功夫確定願景，也沒有求助於內心深處的價值觀和動力，沒有求助於我們生命中最重要的事情。

二、關於求職你有何評論？

如果說保持好身材主要是依賴個人的努力，那麼獲得你所渴望的職位，則有賴於你的影響力。

讓我們思考發揮影響力的四個品質：願景、熱情、良知和自律，想像它們如何讓你獲得想要的職位。關鍵是綜合四個品質，如果忽略任何一個，你都會在求職路上遇到更多的困難，即使你獲得了，也無法堅持承諾及這個職務的要求。

假設求職市場中大多數老闆讓員工離開，但不招募新人。你該如何獲得想要的職位？首先，確定願景，你必須知道這是什麼職位。然後，運用自律去了解這個工作需要什麼，去理解你想進入的公司與這個工作的獨特要求，並理解市場情況——這樣你就能了解他們對人力資源的需求，包括市場上的競爭、客戶的需求、該行業的特點和趨勢。換句話說，花功夫了解你想進入的公司所面臨的問題和挑戰。

其次，找出你的熱情在哪裡。也就是說，這個職位是否能反映你的天賦才能、興趣、能力和技巧？你的良知是否認為這個職位值得獻身？如果回答都是肯定的，接著還必須問，你能設想自己以這種方式工作嗎？

做了這些準備之後，就可以去面試了，不過，不是做為一個候選者，而是以決策者的心態去面試。

表現出對他們核心問題的理解，而且是比他們現有的員工還深刻的理解。表現出迎接這些挑戰的熱情和奉獻精神，而且比他們現有的員工更熱切。如果必要，可以建議設一個試用期；這段時期可以不要工資，直到他們相信你能滿足他們的要求，相信你比其他候選者或現有的許多雇員更能勝任為止。你是個領導者；你會採取主動，不會等待別人的吩咐或催促；你行動，但不魯莽；你總是保持警覺，且能設身處地、尊重他人。

而且，你在這個求職過程中採用的也是基於原則的方式。沒有誇大，沒有欺騙，沒有人為操作，沒有謊言，也沒有貶低他人。你的關注焦點在於公司的需求。你談話時必須使用這種語言。

這麼多年來，我給過很多人這個建議。少部分人接受了，而他們幾乎都獲得了想要的職位。

三、怎樣才能過平衡的生活？

大量研究顯示，大多數人面臨的最大挑戰是保持生活平衡。人們因為太過關注工作及其他緊迫的事務，而把非常珍視的人際關係和活動擠壓到一旁，也對緊迫的事務上了癮。

我用一個故事來說明真正的解決方案。故事中的主角肯花時間思考自己最珍視的是什麼（良知、願景和熱情），然後利用這些標準，有創意的安排生活，讓生活與要事取得一致（自律），並建立自己渴望的生活方式。也請注意他如何與妻子合作，共同產生這個解決方案。以下就是他自己的描述：

我一直與母親保持著一種很特別的友誼。我們共同經歷了許多事情，建立了美好的關係。雖然我愛我的母親、珍惜與她在一起的時光，但有一段時期我因為對工作、社區、家庭三方面的付出，非常忙碌，一週又一週，我幾乎連打電話的時間都沒有。每當我找出時間去看望她，坐下沒談幾句就必須離開——又有一個會議要參加，又要趕下一個最後期限，結果我和母親的聯繫變得雜亂無章。

母親從不給我壓力，也不要求我多去看她，但我感到不快樂。因此，我想到了要事第一的原則，我和妻子絞盡腦汁尋找解決方案。她建議在每週計畫中，訂下一個適合我和母親相處的固定時間。我們查看日曆，發現妻子每週三晚上都有合唱練習，我可以利用那天晚上陪伴母親。

現在母親知道每週或每兩週，我會在那個晚上去看她，而且不會坐下談不了十分鐘就要離開。如果她想走走，我們就出去散步。無論做什麼，我們總在談話，談家庭、談時事、談記憶中的往事。我與母親度過的每個週三晚上，是我忙碌生活中的綠洲。我感謝妻子，這是她提出的最好的建議。

這個動人的小故事只是一個例子，說明只要我們全心關注自己最珍視的東西，並誠信的實踐，什麼事都能做到。

平衡生活的最好手段，也許就是家庭。我相信，正如一個明智領導者所說，生命中最重要的工作是在家中完成的。教育家與宗教領袖麥凱（David McKay）說過：「任何成功都不能補償家庭的失敗。」我對家庭的重要性也心服口服，這個信念推動我在幾年前寫下了《與幸福有約》。

為人父母是生活中最重要的領導責任，同時也提供了機會讓你享受最大的幸福和歡樂。如果真正的領導：願景、自律、熱情和良知，不能表現為人父母之道，那將是最大的悲哀。

我認為，為人父母者也能發揮領導力：父母要在家庭中灌輸願景，要實施紀律和犧牲以實現願景，要以熱情、動力和奉獻的精神，以及基於原則的方式來度過艱難時刻。如果願景的一部分是讓家庭的文化世代相傳，即使我們沒有任何其他成就，也許僅僅這一項就足以讓人充滿歡樂和成就感。

相反的，如果在家庭領域失敗，可能會發現任何其他方面的成功都無法補償。幸而，有人教導我們：「要成為自己本來可以成為的傑出人士，何時開始都不嫌晚。」

第三部
激勵他人尋找內在聲音

要展現人的品質，最管用的方法不是透過逆境，而是讓他們擁有權力。

——林肯（Abraham Lincoln）

6

真正的領導力

每一個人在生命的某個階段都會有這樣的經歷：內心的火焰熄滅了。這時，與另外一個人的不期而遇或許能夠讓它重新點燃。對那些能夠重新點燃我們心靈之火的人，我們將會永遠感激。

——史懷哲（Albert Schweitzer）

我年輕的時候，曾遇到一個改變我人生的人。我當時決定暫時休學，去做志工，就這樣我接受邀請去了英國。

工作了四個半月後，有一天，組織的總裁對我說：「我有一項新的工作要交給你。我想請你到全國各地，擔任在地的培訓領導者。」我大吃一驚，我有什麼資格去培訓一些年齡比我大兩、三倍的領導人？他覺察了我的疑慮，說：「我對你很有信心。我會給你一些資料做準備，這樣你就可以幫助他們，分享各自在工作和生活中最好的經驗。」

他對我如此信任，洞察到我自己都沒有意識到的潛力，並交給我重大的任務，這一切都讓人怦然心動。我接受了這項工作，也盡全力去做好。這項工作開發了我的身體、心智、情感及心靈。我在成長，同時也看到了別人的成長，認識到基本的領導原則。完成工作回到家裡以後，我發覺這正是自己一生中最願意做的事情：釋放他人的潛能。我找到了自己內在的聲音，正是因為這位總裁的激勵。

後來我發現，他並不是只對我這樣。他總是肯定他人，激發潛能，激勵大家同心協力去完成任務。他會給我們資源、權力，並鼓勵我們像個真正的領導人一般，承擔義務和責任。我們開始領導別人，用同樣的方法為別人服務，最後獲得了不同凡響的成功。

從那個時候開始，我意識到，領導藝術的行為準則，是所有傑出領導人所共有的。我做過教師、顧問和管理者，在企業、大學、志工團體及教會組織都任職過，所有這些經歷，還有我自己的家庭生活，都讓我了解，領導是一門藝術，而且對人的影響是有原則可循的。如果你遵循這些原則，你的影響力和道德權威會因此增長，進而得到更多真正的領導力。

聖經中有一個關於錢財和饋贈的故事，寓意是：你愈能善用自己得到的禮物或饋贈，就能得到更多的禮物和饋贈。相反的，如果你得到饋贈卻忽略它，或者把它埋藏起來、不去開發和利用，那麼你得到的這些禮物和天賦才能就會被剝奪。結果你不僅失去原有的才能，還會失去影響力和機會。

簡而言之，領導的藝術就是幫助他人體認到自己的價值和潛能。認真思考一下這個定義，影響他人並能夠持續這種影響力，不正是領導力的精髓嗎？

用祖父母這種無可替代的角色來定義好的領導藝術，不僅是適當的，同時也發人深省。為人祖父母者所做的一切，從本質上來說，就是盡可能的告訴子女、孫輩，以及曾孫輩他們的價值和潛能，讓他們自己也認識到這一點，並帶著這種信念去做所有的事情。如果社會中充滿這種精神，那麼它對世界文明的影響將會廣泛而深遠。

接下來，讓我們深入探討組織機構裡的領導。除了家人朋友之外，組織機構是另外一個讓人不斷認識自我價值和潛能的最佳管道。

管理還是領導？

領導，事實上就是一種如何充分授權的藝術。

我幾乎花一輩子的時間研究、教授領導和管理學，並進行相關的寫作。實際上，為了寫這本書，我回顧了二十世紀所有領導藝術的理論，我進一步了解到，管理和領導同樣重要，只強調其中一個而忽視另一個，都無法獲得效率。

回顧我自己走過的路，有時候我會過分重視領導而忽略管理。我想這是因為我所見的大部分組織機構，包括家庭在內，都處於過度管理及領導不力的狀況。消除這兩者之間顯著的差距，就是我工作的重點和主要動力，同時也使我更加關注於提升領導力這一課題。儘管如此，現實總是會提醒我記得管理的重要。

我終於痛苦的了解到，事實上人無法「領導」物。當我把公司交給兒子管理以後，他和一個才華橫溢的團隊彌補了我的不足，公司也才開始真正獲利。你確實沒有什麼辦法去「領導」庫存、現金流動和成本，你只能「管理」它們。因為物品沒有選擇的能力和自由，只有人有。所以你只能領導，也就是充分授權他人，而對物品則進行管理和控制。

這個回顧還讓我意識到，想了解組織行為的關鍵，並不是要對組織本身進行研究，而是要研究並認識人性。因為一旦你了解人性的基本元素，就有了一把鑰匙，釋放個人和組織的潛能。正因如此，全人思維（包括身體、心智、情感、心靈）最終都和了解個人有關。如果認真推敲的話，其實組織行為是不存在的，有的只是在組織機構中集體化了的個人行為。

「那又怎麼樣？」你或許會這樣問。這個理論和我每天要面對的挑戰有什麼關係？這如何幫助我更認識並解決問題呢？

答案很簡單，原因也很明顯：因為它們之間是密切相關的。所有人都是在某個組織中生活和工作，包括家庭。我們需要一個環境來了解自己。

我將在第三部教你如何解決個人面對的挑戰，找到適當的方法提升自己以及你在組織的影響力。

在討論這個問題之前，我想引用兩段話來啟發你的思維，為複雜的組織挑戰做好心理準備。

愛因斯坦曾說：「我們面臨重要挑戰，如果想解決它們，就必須超越當初的思維水準。」你擁有一個全新的思維模式，即是擁有身體、心智、情感、心靈的「全人思維」，你認識到這個模式與當今工業時代的「物品」控制模式截然不同。你需要用「全人」的觀點去理解，並解決組織遇到的問題。

第二段話是法學家霍姆斯（Oliver Holmes）說的：「如果有解決短期內複雜問題的簡

單方法，我半分錢也不會花；但是如果有解決長遠複雜問題的簡單方法，讓我付出整個右臂也在所不惜。」簡單快捷的計畫、口號和公式，不能解決我們所面臨的重大挑戰。我們必須花時間、精力和心思去認識這些問題的性質和產生的原因；必須將思考和技巧結合起來，學習找到解決方法的原理。

這個工作並不簡單，不過我可以保證，如果你這樣做，一定可以應對新世界的新挑戰，而你也將擁有能夠釋放人類潛能的「第八個習慣」。

組織裡長期與突發的問題

組織和人的身體一樣，也會遇到兩類問題：長期的問題和突發性的問題。所謂的長期問題是潛在的、持續的；而突發問題則是痛苦的、有徵兆的、消耗性的。就像人體一樣，組織也會有暫時沒發作的長期問題，只是解決突發性問題會讓人忽略潛在的長期問題。

我有一次親身經歷。我的朋友是底特律一家醫院的外科負責人，也是心血管疾病專家。我徵得他的同意，用一天的時間觀察醫師如何為病人施行外科手術。這絕對是一次難以忘懷的經驗。我的朋友為一位病人更換了三根血管。手術結束以後，我問他：「你為什麼要換掉那些血管？你為什麼不清理原來的血管？」

急症的表現

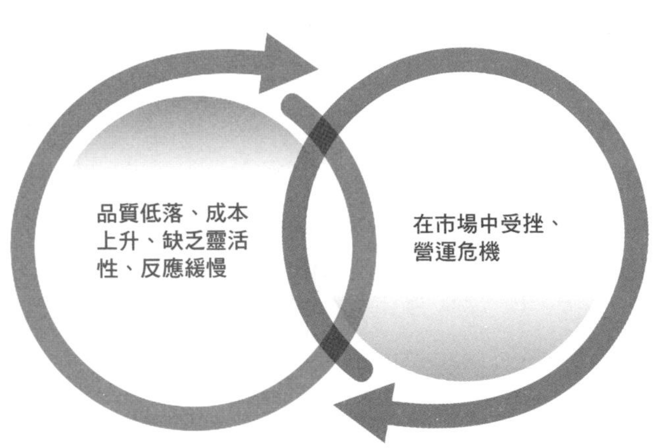

他用我能夠聽懂的話解釋：「如果是發病初期，可以那麼做；但是病情發展後期，血管中的沉澱物積聚，最後就成為血管壁的一部分了。」

並不是所有的慢性疾病都有急症症狀。像癌症這樣的疾病，在第一次發作之前，癌細胞已經擴散全身，等到發作的時候就來不及治療了。看不到表面的症狀，並不意謂潛在的問題不存在。

組織也是這樣。一個組織可能有很嚴重的長期問題，但是沒有什麼緊急症狀，因為有些組織的競爭環境並不是全球性的市場，它們可能只是在當地或受保護的市場內競爭。它們的獲利可能很好，營運得十分成功。但是，成功是相對的，而競爭可能變得緊急迫切，不然的話，為什麼要有變化呢？

預見長期問題及緊急徵兆

第一〇九頁的圖是一個能夠幫助人們解釋，進而預測可能問題的模式。用「全人思維模式」可以解釋、預測並診斷那些重大的問題。這能夠幫助你認識問題最明顯的緊急症狀，並且看到潛在根源。你就可以利用這個模式解決自己面臨的問題，擴大影響力，打造一個值得信任的出色機構或團隊。這樣的組織，有能力持續關注並解決最緊迫的問題。

因此，你們將會在本書的每一個部分看到這個模式。我使用了一些新辭彙，並且應用在身體、心智、情感、心靈四大領域。這個「全人思維模式」讓你有能力認識到，如果組織忽視了其中任何一項，就會出現長期或突發性的問題。

你也可以用同樣的思維分析一個團隊、家庭、社區或任何一種關係的組織。請在閱讀下一章節之前認真思考以下我所提出的問題：

如果一個組織持續忽視人的靈魂或者道德心，會出現什麼樣的問題？如果人們的行為和他的道德觀相違背，會出現信任危機。信任不足是所有組織都面臨的長期問題。

這個問題有什麼急症表現？出現信任危機的組織，在激烈的市場競爭下會有一些痛苦的症狀：暗箭傷人、內部鬥爭、無辜受害、疲於防備、資訊不流通及溝通不順暢。

第二，如果組織持續忽視人的心智或願景，會出現什麼問題？這樣組織的成員不會有共同的目標或價值觀。你將會看到，人們喜歡政治遊戲、採用不同的標準進行決策。整個組織的文化是鬆散、混亂和模糊不清的。

第三，如果一個組織持續忽視「身體」上的自律，會出現什麼問題？整個組織的結構、體系、程序和文化，根本不會有準確的定位。如果管理者的人性模式不準確、不完整，那麼他們設計組織體系的時候，就無法激發成員的真正潛力。

所謂的組織體系包括交流、招募、甄選、分配、授權、獎勵和補償、提升、培訓、發展和資訊等各種系統。不論個人、團隊、部門或整個組織，都無法合作完成核心任務、實現價值觀，完成策略目標。這將導致組織與市場嚴重不協調，無法滿足客戶的要求，無法與供應商合作產生綜效。

這會導致更加嚴重的信任危機、更多的政治行為，以及部門之間的對立。因為一旦出現失控狀況，管理者就會加強控制，因此條例規定將取代人的判斷。為了彌補信任的不足，會出現官僚作風、階級制度、繁雜的規定和條例。任何關注人性和提升領導藝術的言論，都會被認為是軟弱、溫情、多愁善感，不實際且無謂的浪費時間、金錢和精力。

這時，人就被物化了，變成一種支出，而不再是一種投資。這樣就需要更多的管理和更多的控制，大部分的人就會止步觀望，「等等看吧，接到命令再做」。對人進行管理（控制），永遠不能激勵他們發揮潛力或熱情。這一點毋庸置疑。

長期問題的表現

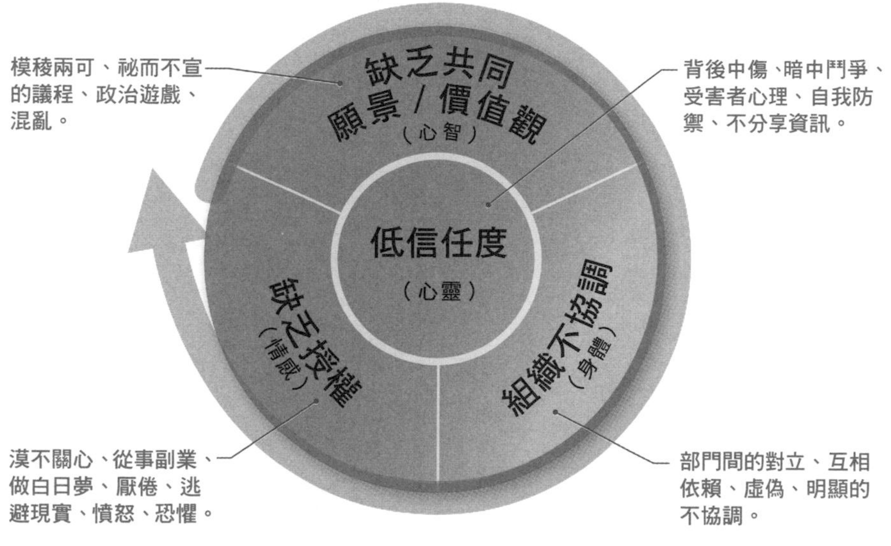
模稜兩可、祕而不宣的議程、政治遊戲、混亂。
缺乏共同願景/價值觀
（心智）
背後中傷、暗中鬥爭、受害者心理、自我防禦、不分享資訊。
低信任度
（心靈）
缺乏授權
（情感）
組織不協調
（身體）
漠不關心、從事副業、做白日夢、厭倦、逃避現實、憤怒、恐懼。
部門間的對立、互相依賴、虛偽、明顯的不協調。

第四，如果組織忽視了情感，又會有什麼後果？如果人們對工作目標缺乏熱情、缺乏情感上的認同，會怎麼樣？這只會導致全體成員的無力與無能，整個文化環境糟糕透頂。這樣又會產生哪些急症症狀呢？你會看到很多人下班後兼差，上班的時候做白日夢；你會看到厭倦、逃避、憤怒、恐懼、冷漠及明知故犯的惡意服從。

現在你們能夠更清楚認識到這個模式的預測和解釋能力了。暫時撇開身體、心智、情感和心靈這幾個概念，我們先來看一下組織中普遍存在的四種長期問題和急症形式。

這四個長期性問題是：低信任度、缺乏共同願景和價值觀、組織不協調，以及缺乏授權。它的總體表現是競爭失利、營運危機、品質低落、價格膨脹、動作僵化、反應緩慢以及互相指責、推卸責任。

思維模式的實際應用

我有一次去拜訪某家大公司。我問高層管理人員他們的使命宣言是什麼。他遲疑的說出一句話，大體的意思是：「我們的目標是要增加公司的資產總值。」我又問他們有沒有把這句話掛在牆上激勵員工和客戶。他們全都笑了，說：「沒有，我們寫在牆上的是另外一個句子，不過我們真正的目標是剛才說的那個。」

雖然我當時才剛接觸這個公司和這個行業，但是我說：「還是讓我先來說說你們的企業文化是什麼吧。公司現在四分五裂，如果這個行業有工會組織的話，勞資糾紛會讓你們公司狼狽不堪。為了讓員工做好工作，公司軟硬兼施，還不斷加強檢查。你們要花費許多時間和精力處理人際衝突、部門對立。」

他們對我的「鐵口直斷」佩服得五體投地，不停的問：「你怎麼知道這麼多？怎麼能說得這麼準確？」

我告訴他們：「其實我不需要了解這個行業或這家公司。我只是了解人性。你們的目標只建立在人性四個主要部分中的一個，你們只關心實質利益，只在意一個利益關係人的利益，也就是老闆。你們完全忽視其他三個主要方面，忽視了心智、情感和心靈，忽視所有其他的利益關係人。因為這麼做，你們可以避免最嚴重的後果。」

我沒有就此打住，繼續我的預測：「這個會議結束以後，你們之中有一半的人會談論另外一半的人。這裡沒有信任，心口不一就是證據。」我的觀察顯然十分準確，因為他們在驚詫之餘也露出黯然的表情，因為他們的公司是公認的「成功」機構。

然而，我想要告訴他們的是：如果沒有先在市場上獲得成功，那麼永遠不能在股東面前自稱成功；而如果沒有先在工作場所獲得成功，永遠也不可能在市場上獲得成功。

他們問我：「怎麼做才能改變現狀呢？」

我回答：「你們必須同時重視人性中的四個要素，激發每個人的智慧，讓他們參與。引入一些普世原理，如機會均等、誠實可信、精誠團結和堅持真理等，才能發展出堅實的信任基礎。信任是一切工作的先決條件。你們首先要做的就是建立員工和組織間的信任；然後就可以激發、釋放人的潛力。」我建議他們可以從一件小事開始著手，也就是為自己的管理團隊擬定使命宣言。

他們又問，做這些事情需要多少時間。

我反問他們：「實際的情況有多糟？」

「還不算太糟。」

「這樣的話，你們或許根本就不能完成這些轉變。因為挫折還不夠、環境壓力還不夠、你們也還不夠謙卑。」我建議他們最好完全忘記這個話題。

他們說：「沒錯，但是我們聽說你幫助別的公司變得很出色；同時，我們也認識到，現在的市場變化迅速，競爭日益激烈，將來我們可能遇上真正的生存危機，所以還是需要你的幫助。我們想要改變。」

我告訴他們，如果他們是真心誠意的想要一起解決這些問題，他們就能夠改變現狀；不過這一切大概要花兩、三年甚至更長的時間。

其中有一個人說：「那是你不知道我們做事的效率有多高。」說到要進一步改進使命宣言的時候，他又說：「我們快馬加鞭，這個週末就弄出來。」換言之，他認為到外面參加一個專門的培訓班後，就能有一個更吸引人的新目標。

但是，之後這些管理人員逐漸認識到，短期思維方式和捷徑式的技術無法產生長期結果。他們從自己做起，慢慢認識到那些潛在的長期問題，並開始尊重人性中四個組成部分。他們終於了解領導藝術和每一個人有關，每一個人都需要經歷從內到外的變化。

這家公司花了三、四年的時間從根本問題著手，之後，它的實力增強，擁有極佳的授權和信任水準，繼續保持在市場上的成功。這家公司很多高層主管後來成為其他企業的執行長；但是企業文化和競爭力沒有受到絲毫影響，它在持續獲利的前提下不斷發展壯大。

那麼，在工業時代，四個長期存在的問題是什麼？

如果組織內部的信任不足，老闆就處於中心位置——只有他最清楚應該怎麼做，也做所有的決定。

如果缺乏共同的願景和價值觀，規定會取而代之。老闆的想法是：「除了你自己的工作之外，什麼都不用擔心，只管去做那些我要你做的事。我負責思考，你只要遵守規定。」

組織內部不協調嗎？只要提高效率就行了——提高機器、政策、人和所有的效率。效率就是這個遊戲的全部。

將人物化的管理

——四個長期問題在工業時代的表現

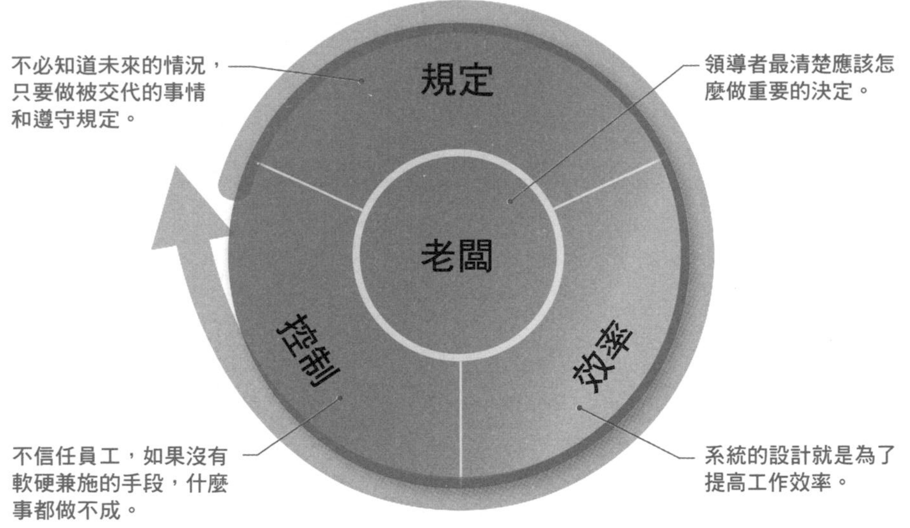

缺乏授權嗎？不能放鬆控制，不能相信別人，唯一能從別人身上榨取更多東西的方法，就是軟硬兼施。你要提出利益來激勵他們向前；如果這種方法沒有效果，再適當的給予懲罰或是炒魷魚，也是無傷大雅而且非常有用的。

如何用領導藝術解決問題

工業時代的控制模式，導致了組織四個長期性的問題，但是如果你決定要激勵他人去尋找自己的內在聲音，那麼你就找到解決問題的最佳方法。

每一個發現內在聲音的人，都有能力改寫工業時代這種「老闆、規定、效率和控制」的模式。

整個改寫過程需要完成四項任務，亦即分別解決四個長期問題：如果出現了信任危機，就要以身作則，提高信任度；如果缺乏共同的願景，我們需要探索方向，創建一個共同的願景和一整套價值觀；如果組織內部不協調，就對目標、結構、系統和程序進行調整，鼓勵並培養員工的責任感，培育組織文化，為共同的願景和價值觀服務；如果人們普遍感覺缺乏授權，那就充分授權給個人或團隊，以完成某個專案或工作。

我把這四項任務叫做「領導的四項職責」。我再次說明，這裡說的領導並非具體的職位，指的是肯定其他人的價值和潛能的意願，從而將這些人團結成為一個優勢互補的團隊，以改善組織的影響力。在互補型的團隊中，個人的力量（心聲）能夠創造價值，而個人的弱點則無關緊要，因為別人能夠彌補其不足。

但是如果將這四項職責僅僅看做是高階主管的專職，只會更加強人們依賴、觀望的想法：「所有重要的思考和決策，都是老闆的工作。」我想要強調的是，這四項職責是每一個人的工作，沒有任何職位的前提，因為它們只是提高你自己以及你的團隊和組織影響力的重要途徑。

一九九五年以來，我的同事和我一直都在教授「領導的四項職責」模式；同時，在領導藝術研究領域的其他專家，也基於同樣的原理提出另外一些模式。

發表在《哈佛商業評論》（二〇〇三年七月）上的一篇論文就是最佳佐證。這篇論文的標題是〈真正行得通的是什麼？〉（What Really Works）。三位作者諾里亞（Nitin Nohria）、喬伊斯（William Joyce）和羅伯森（Bruce Robertson）用長達五年的時間做了一個名為「常青計畫」（The Evergreen Project）的專題，對一百六十家公司在十年裡採用的兩百多個管理措施進行研究，從中整理出效果最好的管理措施。

研究顯示，能在競爭中脫穎而出的公司，在以下四個主要管理領域，都表現得十分優秀：

領導的四項職責

——解決四大長期問題的方法

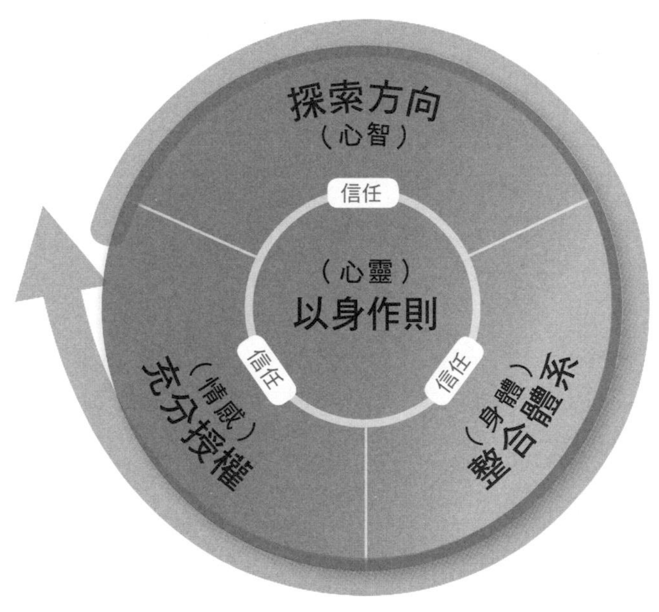

一、策略：制定並堅持一個明確的策略。
二、執行：制定並持續無懈可擊的執行流程。
三、文化：建立並且堅持一種重視表現的組織文化。
四、結構：建立並保持一個反應迅速、具有靈活性的扁平式組織。

這四個主要管理措施，讓這些公司成功擊敗了競爭對手，只不過是用另外一種表達方式描述「領導的四項職責」。

掌握關鍵和執行

正如第一二一頁的圖所示，這四項領導職責同時是達到「激勵他人尋找內在聲音」這個更高目標的途徑，也是建立卓越組織的途徑。反之亦然。

激勵他人尋找內在聲音的過程，可以用兩個辭彙總結：掌握關鍵和執行。掌握關鍵包括以身作則和探索方向，而執行則涵蓋了整合體系和充分授權。本書接下來將討論如何遵循這些原則改善態度、技能和知識，從而將「激勵他人尋找內在聲音」變成習慣。

效果最好的四項管理措施

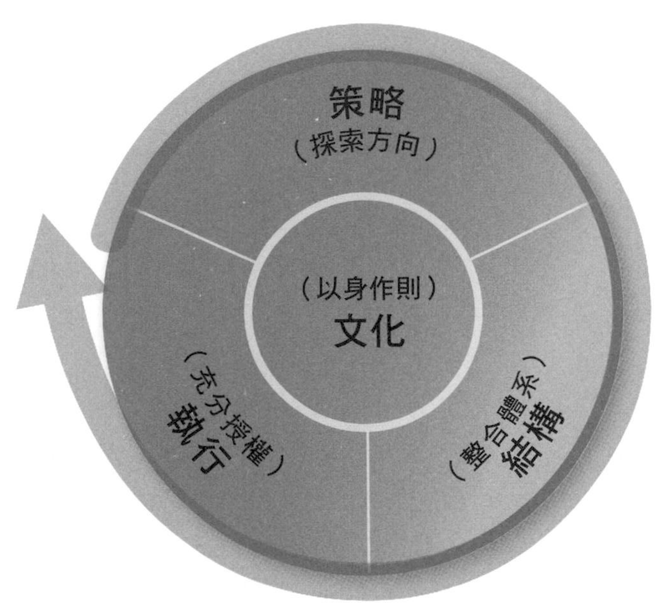

掌握關鍵：以身作則和探索方向

一、發揮影響力：領導者要以身作則，首先必須找到自己的心聲（參見本書第二部），然後再用積極的態度去激勵別人，成為我所謂的尾舵，或者利用一切可能的機會主動擴大自己的影響力（第七章）。

二、成為表率：塑造個性和提升能力，是在所有關係和組織中建立信任的基礎。如果沒有可信度，也就無法得到別人的信任。認識這個原則，認識探索方向、整合體系和充分授權的潛在原理，都能夠增加影響力（第八章）。

三、獲取信任：以身作則同時也涉及建立牢固關係、建立信任（第九章）及融合心聲的技能；即尋找第三種方案來解決你所面對的挑戰以及和別人的差異（第十章）。

四、融合心聲：探索方向需要和別人合作，對優先問題建立共同願景，建立一個能夠達到既定目標的價值觀（第十一章）。

執行：整合體系和充分授權

五、整合體系：對目標進行調整，以使系統達到既定的目標（第十二章）。

六、充分授權：為其他人清除發展道路上的障礙，讓他們釋放熱情與天賦，是領導的

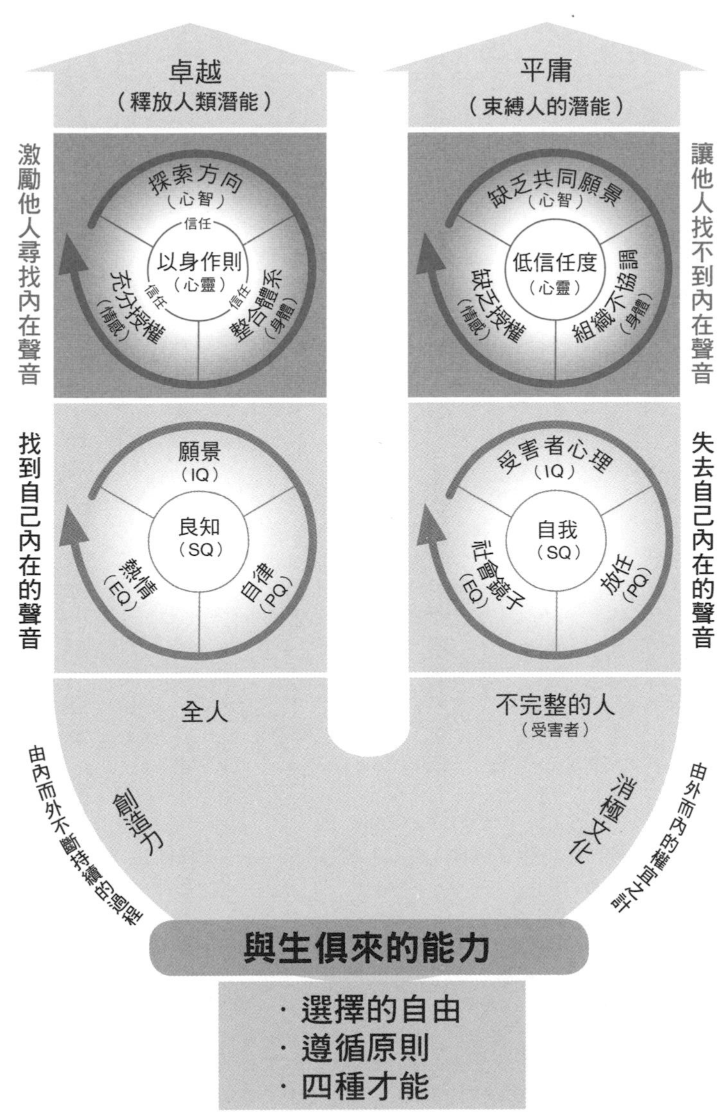
通往卓越的地圖
卓越
（釋放人類潛能）
平庸
（束縛人的潛能）
激勵他人尋找內在聲音
探索方向
（心智）
信任
以身作則
（心靈）
信任
信任
充分授權
（情感）
整合體系
（身體）
讓他人找不到內在聲音
缺乏共同願景
（心智）
低信任度
（心靈）
缺乏授權
（情感）
組織不協調
（身體）
找到自己內在的聲音
願景
（IQ）
良知
（SQ）
熱情
（EQ）
自律
（PQ）
失去自己內在的聲音
受害者心理
（IQ）
自我
（SQ）
社會鏡子
（EQ）
放任
（PQ）
全人
不完整的人
（受害者）
由內而外不斷持續的過程
創造力
消極文化
由外而內的權宜之計
與生俱來的能力
· 選擇的自由
· 遵循原則
· 四種才能

四個職責中最終的成果（第十三章）。

第十四章：本章顯示出本書所描述的方法如何成就三個領域的卓越，也就是個人卓越、領導卓越及組織卓越。你將會了解到這三者如何結合並形成「執行的四個要素」。執行的四個要素，能夠幫助組織在知識時代擁有突破性的發展。

第十五章：利用內在聲音為他人服務。本章對全書做了總結，指出第八個習慣能夠將我們帶入人類發展史的下一個階段，即智慧時代。

問題與解答

一、現在有這麼多談領導的書籍，這本書究竟有什麼與眾不同？

我認為有五點：

第一，按順序發展的重要性來討論領導力。就我所知，目前還沒有別的書和本書的觀點一樣，認為首先要建立人際之間的信任，然後才能有個人的發展和完整，接著才能建立有效率的、能長久經營的組織，其中也包括家庭這個特殊的組織。這個順序十分重要，也絕對必要。

第二，本書採用「全人思維模式」對所有問題進行綜合分析。其他書籍都沒有闡釋這四個方面的能力，沒有強調心靈方面的能力，或認為良知能指引其他三項能力，具有最重要的地位。

第三，本書的立論基礎是永恆、普遍、不證自明的原則。這些原則和人或組織的價值觀不同，因為價值觀因人而異，不同的組織也有不同的價值觀；而原則是建立所有價值觀的基礎。

第四，本書透過發展以原則為中心的過程，將領導力視為一種選擇（建立道德權威）而不僅僅是一個職位（職務權威）。在當今這個新的知識時代，人們需要的是鬆綁而不是控制，是變革而不僅僅是交易。換言之，你可以對物進行管理，但是對人只能進行領導。

第五，這種「全人思維模式」在組織機構中（包括家庭）都有十分明顯的對應，也就是本書提出的「領導的四項職責」：以身作則、探索方向、整合體系和充分授權。這是一個作用強大的闡釋模式，幾乎能夠解決所有的問題或挑戰，能夠幫助人們找到解決問題的最佳方法。

二、領導技巧是能被教會的嗎？

不是，但是人們能夠透過學習提升領導藝術。如果人們能夠自由的選擇學習相關的知識、技巧，以及和領導藝術密切相關的個人特質（願景、自律、熱情和良知），就能學會怎樣做領導人，讓其他人自願追隨。

總而言之，在一個成功領導的團隊裡，成員之間的優點是互補的，每一個成員的強項都有價值，弱項都可以被忽略，因為其他成員的強項，完全可以彌補其不足。

三一

掌握關鍵

——以身作則和探索方向

7

發揮影響力——扮演尾舵的角色

想改變這個世界，首先要改變自己。

——甘地（Gandhi）

以身作則是靈魂層面的進步，是提高領導藝術的中心。以身作則的前提是發現內在的聲音，發展自身的四大才能，在願景、自律、熱情和良知四個方面，充分表達自己的心聲。以身作則鑄造個人領導的特性，從而根本的改變了其他三項領導的內容。

有時候，思想和精神的認同比直接參與更重要。這一點，在甘地、馬丁．路德及曼德拉這些傑出領袖的追隨者身上，都可以得到印證。有時候你十分崇拜某個人，因此全盤接受他的願景，而這不意謂著你要親身參與締造願景。這就是認同，是一種強大的心理影響力，有時候比親身參與還要有推動力。比起建立價值觀，認同在願景的形成及策略計畫的制定上更加重要。極富願景的人和卓越的策略家通常都自成一格，也會得到整個文化的認同；當然，獲得認同的前提，是要有信任以及個人的可信度。不過，認同最終仍然是要建立在某種程度的參與基礎上；這種參與可以是直接的，也可以是間接的。

此外，以身作則並不是個人行為，而是一個團體的集體行為。如果你能發揮團隊中每個成員的強項，並且組織起來彼此互補，從而使每一個人的弱項都變得無關緊要，這樣你就建立了一個真實有力的組織。

所以，以身作則的具體內容就是重視個人，和建立一個優勢互補的團隊。你在這個團隊裡的任務，並不是尋找並指責他人的弱點，不是在成員的背後指手劃腳說壞話；你的作用就是要彌補別人的不足，就像別人也彌補了你的不足一樣。沒有人是完美的，也很少有

通往卓越的地圖

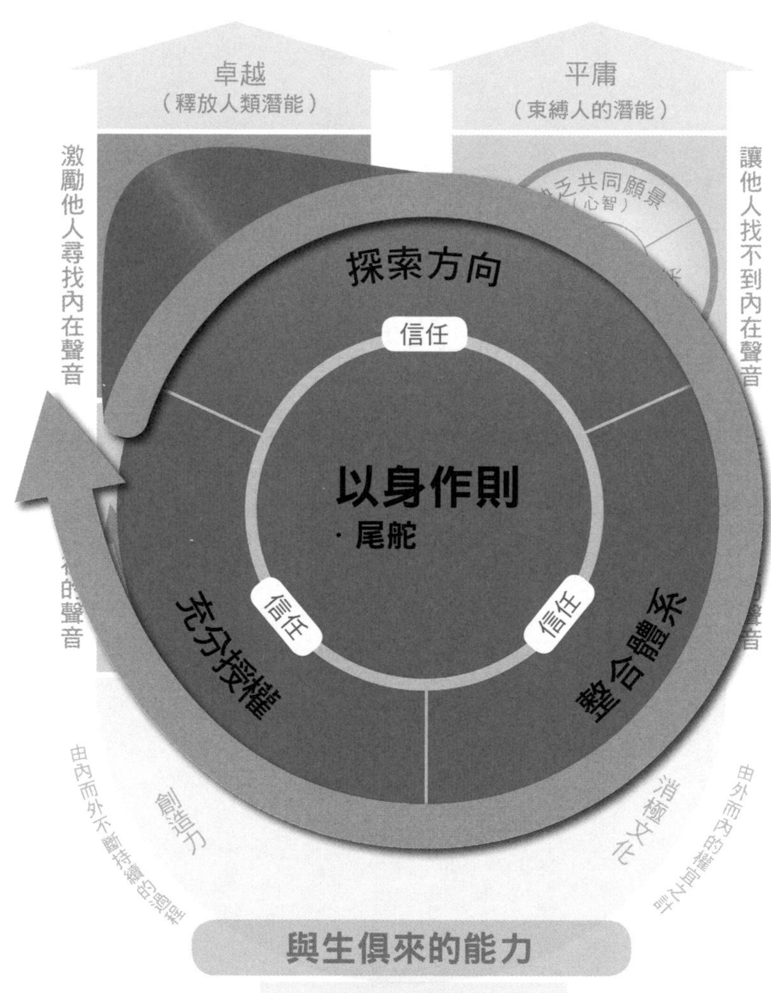
卓越
（釋放人類潛能）
平庸
（束縛人的潛能）
激勵他人尋找內在聲音
讓他人找不到內在聲音
缺乏共同願景
（心智）
探索方向
信任
以身作則
· 尾舵
信任
信任
充分授權
整合體系
的聲音
聲音
創造力
消極文化
由內而外不斷持續的過程
由外而內的權宜之計
與生俱來的能力
· 選擇的自由
· 遵循原則
· 四種才能

人能夠在工作的每個層面都達到卓越。相互尊重是一種道德上的需要。

我能改變現狀嗎？

要形成習慣來回應內心想要表現的欲望，要表現自己的與眾不同，要顯示自己的重要性，要去影響我們最看重的人或事業，所有這些都始於我們最初的選擇——發揮影響力的內在聲音。

當我在實際教學中講授本書所提到的原則，總有人提出這個問題：「柯維先生，你所說的這些原則都很好。我相信它們在理論上是成立的，也真心希望自己能做到，可是你完全想像不到我在公司的處境。如果你也有一個那樣的老闆，就會理解我為什麼永遠也做不到你說的那些了。我到底該怎麼辦？」

當我講授如何將這些原則應用到婚姻和家庭的時候，總是會有女性聽眾向我抱怨丈夫，也總是會有男性聽眾向我抱怨妻子。他們說的話大致一樣：「你要是知道我丈夫是什麼樣子，就會知道我的意思了，這些根本就行不通！」

這些人很煩惱，也很悲慘，但是他們看不到還有別的路可走。

我的回答通常會讓他們感到震驚，有些人甚至覺得受到冒犯。我是這樣回答的：「不論什麼時候，如果你認為問題出在別人身上，那麼這個想法本身就有問題。」

有些人會反問我：「你的意思是，這全是我自己的問題？」

其實，我想說的是：「不管什麼時候，一旦你將自己的情感生活建立在另外一個人的弱點上，你就是將情感上的自由完全交到他手中，也就是說，你授權對方繼續把你的生活弄得一團糟。」

我和聽眾最後都會達成一種共識，讓他們意識到自己並不是受害者，對於別人的行為，他們永遠有自由去選擇應對的方式。這個社會總是過於強調受害者心理和譴責他人的思維，實際上，每個人天生就有能力做自己生活的主宰，選擇一種提升影響力的生活方式。我們可以成為老闆的領導者。

提高個人影響力

希臘哲學把影響力劃分為三個層面：性格（ethos）、同理心（pathos）、理念（logos），精闢的總結了提高影響力的過程。

性格的基本涵義，就是一個人的道德特性、個人的可信度及別人對你性格和能力的信任程度。如果能運用這些原理完成自己的承諾，滿足人們的期待，那麼就具有了這種特質，即精神才能（SQ）。

同理心指的是情感上的相通，是一種內在的感覺。也就是能夠理解另外一個人的感受，知道他的需要，了解他如何看待這個世界，知道他想和你進行什麼交流，這就是情感才能（EQ）。

理念代表邏輯，指的是表達並且說服別人的能力，即智力才能（IQ）。

這個順序非常重要，如果你不能理解別人，就無法被他人理解；如果你對自己的人品沒有信心，那麼你就很難信任別人。

我曾為一個二十人小組授課，這二十名專業人士都是保險總代理，每季他們都會聚在一起交流心得和經驗，我也曾參加這項活動，並且擔任顧問兩年之久。有一次我們照常聚會，每個人都在抱怨討厭的公司培訓活動和發展計畫。讓他們徹底崩潰的是在夏威夷舉辦的一次大型國際頒獎活動，因為活動的一部分又是培訓。在這種培訓過程中，沒有交流，也沒有相互學習，充其量不過是一場精彩昂貴的聲光表演。他們認為這種培訓方式十分典型，但是實際的效果卻曇花一現，沒什麼用處。

我問他們為什麼不嘗試改變，他們回答：「這不是我們的任務啊，我們又不負責規畫。」我告訴他們，這樣做實際上就是在逃避，如果他們有心去做的話，完全可以改變這種培訓計畫，因為他們都是公司高層，具有很高的可信度。

我鼓勵他們向決策者遊說演講，特別要注意的一點就是，演講的開始要描述決策者的觀點，表現出對他們的理解，甚至超過他們自己的理解；此外，還要考慮到，一旦培訓計畫或年度慶祝活動改變了，決策者可能有哪些潛在的憂慮。愈能夠詳細描述這些決策者的擔心，他們就愈會感覺自己被理解，從而敞開心懷接受建議。

於是他們派了兩名代表，與董事長、執行長及負責培訓和公司發展的主管會面。他們有充分的時間講述了目前的培訓計畫及原因，並預測變化將對公司財務狀況、政治和文化造成的可能影響。他們滔滔不絕的說，而決策者顯然很滿意有人對他們有這樣深入的理解，於是自然樂於接受影響——想要影響別人，關鍵就是要先接受別人的影響，也就是說要有開放的態度並謀求別人的理解。這些公司的決策者直接請兩位代表說出建議；結果這兩個人不僅表達了自己的意見，還提交了一份計畫書，詳細闡述如何應對所有可能出現的問題。

這些決策者心悅誠服，就算提出的建議只是一個龐大計畫的起步，卻立刻被列入公司的發展大計。

到了下一季，我再度與這個小組碰面的時候，他們告訴我所發生的一切。我說：「現在你們又瞄準哪個目標了？在這個公司裡你們還想改變什麼？」這個二十人小組為自己進行了授權，這一切對他們來說簡直是太神奇了。他們體驗到，主動、勇氣和發揮同理心，讓他們做到了從前不敢想的事情。從此，他們不再抱怨，開始承擔愈來愈多的責任。他們在辛勤耕耘自己園地的同時，還在一個更大的領域內觀察和思考。他們終於認識到，高層決策者也是凡人，也有相同的煩惱和掙扎，也需要榜樣，而不是批評和挑剔，需要的是指路的明燈，而不是指指點點的手指。

這個故事表明了這種從裡到外式的方法是如何運作的，展現了這種方法的強大功效。請牢記，每當你認為問題出在別人身上時，那麼這個想法本身就有問題。

我希望用這個實際的例子讓你清楚的認識，透過主動和運用同理心的技巧，透過聚焦在影響力範圍內的事情，你能夠成為任何場合的催化劑。真的這樣做，你就是老闆的領導者。老闆有的只是職位的權威，你卻擁有能影響別人的道德權威和能力。

尾舵

我能夠理解富勒（Buckminster Fuller）這位發明了多面體球頂的美國建築家，為什麼在自己的墓碑上留下這句墓誌銘：「我只是一個尾舵而已。」尾舵是安裝在輪船或飛機上的一個小舵板，人們就是用它來控制大的方向舵，從而控制整艘船或整架飛機的航行方向。上述那個二十人小組，就是一個尾舵。

尾舵的定義

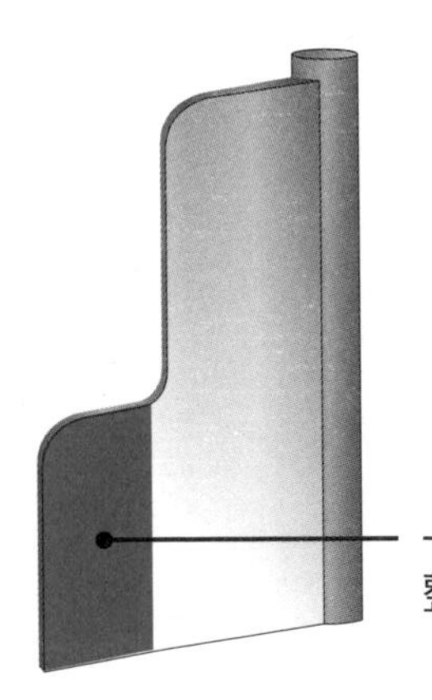

我相信，每一個組織都存在無數個潛在的尾舵；在企業、政府、家庭及非營利或社區服務組織中，這些人不論擔任什麼職務，都能擔當起領導的職責，影響周圍的人。他們積極發動自己或所在的團隊和部門，進而影響整個組織的進程。

這種具有尾舵作用的領導人，通常只在自己的影響範圍內散發力量，而且這種影響力有可能很小。

下頁的圖是由兩個圓圈組成的，外面大一點的圓圈是關注範圍（你所關心或有興趣的事情），裡面小一點的圓圈是影響範圍（你能夠控制或影響的事情）。這張圖示同時還表示，你的實際工作範圍其實大大超出影響範圍。

在第一章裡，我列舉了一連串讓人目瞪口呆的資料，這些資料都是哈里斯互動公司運用我們的執行智商（xQ）問卷，進行研究得出的結

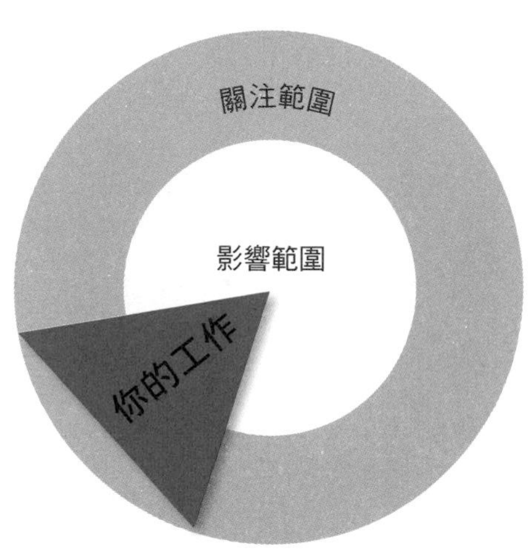

論。因為分析十分深入，我還會在其他章節中提到它。在所有接受執行智商問卷調查的人中，只有百分之三十一的人說，他們會將更多注意力放在自己能夠影響的事務上。而具有尾舵作用的領導者則不論實際職務是什麼，都將發揮願景、自律、熱情和良知，進而擴大影響範圍。實際上，在現實工作中，他們大都是職位並不顯赫或根本沒有正式決策權的人。

主動，是自我授權的一種形式。沒有正式的領導者授權給你，組織也沒有授權給你，工作職責也沒有授權給你；你是在面臨問題、困難或挑戰的時候，自己授權給自己。你需要選擇採取主動態度或自我授權中最適當的等級。

採取主動或自我授權的七個等級

在下圖中，你將會看到採取主動行為的七個等級，從最低等的「坐等吩咐」，到「詢問」、「提出建議」、「我想做」、「執行並立刻報告」、「執行後定期報告」一直到「只管去做」。最後這個等級，正好處於你的控制力和影響力的中心位置。

至於如何選擇不同等級的自我授權，考量的基礎是任務在你的影響範圍內或範圍外，距離有多遠。這就需要你對情況有敏銳的判斷，不過不論選擇哪一個等級的行動，你的影響力都將逐漸擴大。

選擇不同等級的主動行為，也就是擴大影響力，而在所有場合都能盡情表現自己。如果你面對的是一個完全不喜歡的工作，可以採取某種等級的主動行為，改變工作性質，也可以改變那些處於我們影響範圍內，但工作範圍外的人。

這樣，所有的人都可以在目前的工作崗位上表現出眾。律師可以成為調解人；教育工作者能夠成為富有愛心的輔導員和良師益友；醫師可以多關注教育和疾病預防，注重完整的人，而不只是關心身體的各個部分、科技和藥品；父母可以將百分之八十的時間和精力用在與孩子互動，只用百分之二十的時間和精力訓話、改正和調教；銷售人員可以多傾聽客戶的需求，然後調整適應；行銷人員可以讓商品銷售和廣告做更好的結合；業務經理可

主動或自我授權的等級

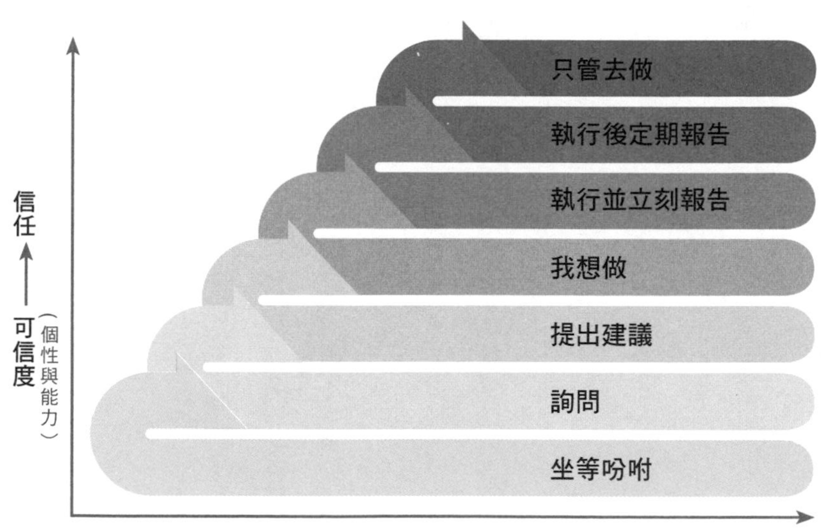

以更小心處理誇大不實的問題。

下面我們將詳細描述這七個等級：

一、坐等吩咐

當問題顯然處於自己的影響範圍及工作範圍之外，你只有坐等吩咐，不能去做別人的工作，也不應該對遠遠超出自己影響範圍之外的事情發表太多意見。因為這種情況下，人們對你的建議沒有信心，可能會認為你的建議完全不適合，或覺得這件事情跟你完全無關。實際上，你原有的影響範圍將會因此縮小。

既然已經知道不能有任何作為，就不必在上面浪費精力。不過，如果在你的影響範圍內有某個人能夠對此有所作為，那又另當別論了。這種情形之下，你就可以採取更高級別的主動或者自我授權。

二、詢問

如果問題在你的工作範圍內，但是不屬於你的影響範圍，那麼你詢問一下是很合理的事情。如果你提出的問題，經過了細緻的分析和縝密的思考，那麼將會給人留下深刻的印象，進而擴大影響範圍。

這個等級的行為應該在什麼時候做呢？當問題就在你的影響範圍外不遠處的時候。也就是說，這個問題並不是你工作範圍內的事情，你就可以大膽提出自己的建議。

三、提出建議

關於這一點，「完全參謀作業」（Completed Staff Work，一種可用於有效解決管理問題的策略）中指出提建議的五個基本步驟：

（一）分析問題；
（二）提出選擇，建議解決方法；
（三）就解決方法提出具體可行的步驟；
（四）全盤考慮所有的現實因素，如政治、社會、經濟表現能力和許可權等；
（五）只要一個人簽名同意就得以實施。

也就是說，有效率的管理者應該等待最合適的工作。首先，主管應該要求部屬對問題進行全面的思考；然後，在這基礎上提出最後的建議。主管只對最後的建議進行評定。

在使用「完全參謀作業」的時候，主管並不會為部屬提供簡單快捷的解決方法。如果主管沒有耐心等待員工自己分析問題並提出建議，實際上就是剝奪了他們成長的機會，主管和公司也失去了寶貴的時間。不僅如此，如果你給了他們解決問題的方法，就不能指望他們對最後的結果負責。

四、我想做

「我想做」比提出建議高一個等級，因為它是後者的延續。我是在搭乘美國軍艦聖達菲號（USS Ssnta Fe）在夏威夷群島航行的時候，第一次聽說這個原則的。

這艘核子潛艇價值數十億美元，而且正在進行一場軍事演習。當我和上校指揮官馬凱特船長站在艦橋上時，一名軍官走過來說：「船長，我想將潛艇下沉四百英尺。」船長問：「潛艇距離海底有多深？」軍官回答：「大約八百英尺。」船長又問：「聲納系統探測到的情況如何？」軍官回答：「只有魚，別的什麼都沒有。」船長命令他：「再等二十分鐘，然後你就可以照著剛才的想法去做。」

一整天，總是有人來向船長報告，說「我想做這個」或者「我想做那個」。船長通常先問幾個問題，然後說「很好」；有時候他什麼都不問，直接就說「很好」。需要船長親自做決定的只有最關鍵的問題，至於其他大約百分之九十五的問題，都不需要他真正關注或批准。

我問起船長他的領導藝術。他說他想做的就是，在海軍規定允許的範圍內，盡可能的授權給部屬。他認為，如果部屬不僅要面對問題，還要自己解決問題，他們就會將自己看做是整個指揮鏈中至關重要的一個環節。所以他培養了這種文化，讓潛艇上所有軍官和水手都能站在船長的立場，表達自己的意願。

「我想做什麼」和「我建議做什麼」不同，前者表示說話的人已經做了很多分析，能夠在建議得到批准之後立刻採取相應的行動。說「我想做什麼」的人不僅自己面對問題，更自己解決問題，而且還準備好去執行解決方案。

五、執行後立刻報告

「執行後立即報告」應該是屬於影響範圍外但是工作範圍內的事情。立即報告是因為別人需要了解進展，及時糾正。這樣做也能夠在採取後續措施之前，得到所需的資訊。

六、執行後定期報告

解決某些問題時，應該採取這個等級的主動行為，這些解決措施可以做為業績評估或正式報告中自我評估的內容。這種定期的交流和報告，能夠為其他人提供所需的資訊，同時進一步確定自己的工作範圍和影響範圍。

七、只管去做

如果問題就在你的影響範圍和工作範圍的中心位置，那麼只管去做。有的時候，在某些文化中，得到原諒遠比得到批准來得容易。因此，如果你堅信自己是正確的，堅信你所採取的措施，離自己的影響範圍不會太遠，那麼最好的辦法就是「只管去做」。

尾舵精神

不論你面臨什麼問題或事務，都可以採取某種等級的自我授權。你要有足夠的敏感，要有智慧，要掌握時機，但是最重要的是要有所作為。不要抱怨、批評或消極的處理遇到的問題；尤其特別注意不要推卸自己的責任，只是把失敗歸咎給別人。

採取主動行為需要有願景，有某種標準遵循，還需要有紀律的約束。你應該投入熱情，讓良知或原則引導，最終贏得一個有價值的結果。

《重新想像》的作者畢德士（Tom Peters），是這樣描述尾舵態度和精神的：

優秀的人全都熱愛別人不喜歡的工作，這絕對不是在開玩笑。因為這種工作可以給他們很大的發揮空間。沒有人在乎，沒有人監督，你可以完全做主！你可以親自動手，可以犯錯、可以冒險、可以創造奇蹟！關於授權不足，人們最常見的哀嘆就是沒有「空間」做自己真正想做的事情。而我對這些抱怨的回應則是：胡說八道！

爭取那些別人不想要的「小任務」或「零星瑣事」。去把它找出來！因為這是自我授權的一紙許可。這種不起眼的任務有可能是重新設計表格，或者是在週末為客戶舉辦休閒活動……，你可以將這些瑣事變成吸引眾人目光的神奇大事。

我曾經擔任一個大學校長的行政助理。這位校長總是認為自己的理解和認知最優秀，獨攬所有重要的決策權。但是從另外一個角度來看，他又是一個很有遠見卓識的人。不過他總是把每一個人都當做打雜的，吩咐他們去做這做那，好像這些人沒有頭腦、不會思考似的。這些受過高等教育的部屬逐漸不再有興趣，覺得自己的權利被剝奪。他們會站在走廊裡抱怨自己的校長。

班是其中一個同事，他採取了另外一種方式：提出建議。就算是被當做雜役一樣呼來喝去，他還是決定從提出建議開始。

他決定要做一個最好的「雜役」，這使他擁有了可信賴的特質，然後他預測了校長的需要及背後的原因。「好吧，先想一想，校長為什麼會需要這個資訊？他是在為董事會做準備。他想要我弄清楚，全國有多少所大學允許校園保安人員隨身攜帶武器，因為我們學校的做法受到了批評。我想我能夠幫助他為這次董事會做好準備。」

班參加了預備會議，展示他蒐集的相關資料，然後切入正題對資料進行分析並提出建議。校長轉身看著我，一句話也說不出來，然後轉身對班說：「我要你參加這次董事會，把剛才的建議再說一遍。你的分析十分精闢，準確的認識到了真正的需要。」

當所有的員工都認為自己能夠做的只有「坐等吩咐」的時候，班卻沒有這麼想。他從充分理解校長的處境開始進行自我授權，對校長真正的需求進行了準確的預測。班剛開始的職位比較低，但是沒過多久，他就經常在董事會上演講了。

我在那個位置上工作了四年，到了第四年年底的時候，班已經成為全校最有影響力的人物之一，如果沒有班的意見，校長不會有任何重大的舉動。後來班退休的時候，榮獲了一個特殊的優秀獎。

你需要從這七個等級的主動行為中，選擇一種最適當的，這就需要足夠的判斷力和智慧來決定「應該做什麼」、「應該怎樣去做」、「應該什麼時候去做」，以及最重要的一點，「你為什麼要這麼做」。

當你適當的使用七個等級的主動自我授權行為，你就會發現自己的影響範圍變得愈來愈大，最終超越你的工作範圍。另外一個有趣的事情是，當你的影響範圍變大的時候，你的關注範圍通常也變大了。

具有尾舵性質的領導者是堅持的，他們像是一座燈塔，而不是隨風搖擺的風向標。他們持續發出的光亮，是周圍的人可以完全信任的光源，他們不會隨著社會潮流不停轉向和變化。

如果你能夠採取這種從裡到外主動授權的方法，位居正式職位的人就會對你的個性和能力愈來愈有信心。隨著信任度的加強，最後他們一定會期待你更主動並且擴大你的工作範圍。你會發現，自己其實已經是頂頭上司的領導者，而你的領導者，也變成了在互補型團隊中擔任服務的角色。

問題與解答

一、在實際工作中，如何成為頂頭上司的領導者？

做一個燈塔，不要當法官；做一個榜樣，不要當批評家。要在你自己的影響範圍內工作，這樣就可以逐漸建立並且提升自己的道德權威，產生可信度。

要鼓起勇氣採取主動，推動事情往好的方面發展。努力去理解老闆的世界、關注的問題、最終的目標及他的思維方式。同時也要了解文化和市場，然後再採取適當的主動行為。一定要牢記，不要在背後說壞話。要有耐心和毅力，這樣你就能夠發展自己的影響力。最後的結果會改變那些憤世嫉俗、牢騷滿腹的人，這就是領導的藝術，因為領導是一種選擇，而無關職位。

二、你經常說得到諒解比得到批准要容易得多，但是有時候真的這麼做，又會被罵得狗血淋頭，甚至被炒魷魚。

要不斷的投資、發展自己和你的事業，提高解決問題的能力，這樣你就擁有了一個獲取經濟保障的源泉。這種保障並非來自你的工作，也不是來自別人的恩賜與施捨，而是源於你能滿足需要和解決問題的個人能力。

同時，你一定要小心謹慎的選擇戰場，千萬不要在遠離影響範圍的地方魯莽行動。你選擇解決的問題應該是處於工作範圍之外、影響範圍之內。經過全面的分析思考之後，再採取適當的主動行為，才能逐漸擴大自己的影響範圍。

8

成為表率

做為領導者，最重要的特質當然是要正直誠實。如果缺乏這一點，不論在工作團隊、足球場、軍隊或辦公室，你都不可能成功。

——艾森豪（Dwight Eisenhower）

不久前，因為某家銀行的員工士氣低落，我受邀擔任他們的諮詢顧問。銀行總裁很年輕，感嘆的對我說：「我真的不知道什麼地方出了問題。」他十分聰明，很有個人魅力。他從基層做起，可是升到了這個位置之後，他才發現整個組織正在衰退，生產力和利潤都在下降。他抱怨這一切都是員工造成的：「不管我規劃了什麼激勵措施，他們全是老樣子，擺脫不了陰沉悲觀的態度。」

他說得很對。這個環境籠罩在懷疑、猜忌和缺乏信任的陰霾裡。在兩個月中，我舉辦了工作研討會，但是於事無補。我也被難倒了。

這裡的職員最常掛在嘴邊的一句話就是：「誰會相信這裡發生的事情？」但是沒有人能告訴我，這種不信任的源頭是什麼。

後來，我展開一些很隨意的私下交談，逐漸了解真相。原來總裁雖然已婚，但是正與一位部屬親密交往。銀行裡每一個人都知道這件事。

很顯然，公司表現不佳是總裁個人行為造成的。總而言之，他的失敗是人品的原因。我們調查了五萬四千人，詢問他們：做為領導者，最重要的一個特質是什麼。他們認為，排名第一的是正直誠實。

今天在很多場合，談論人品問題似乎很不合時宜，這已經和某些話題或個人的信仰一樣，成了敏感問題，甚至有些人懷疑一些內在價值存在的意義。畢竟，上面提到的那位銀

通往卓越的地圖

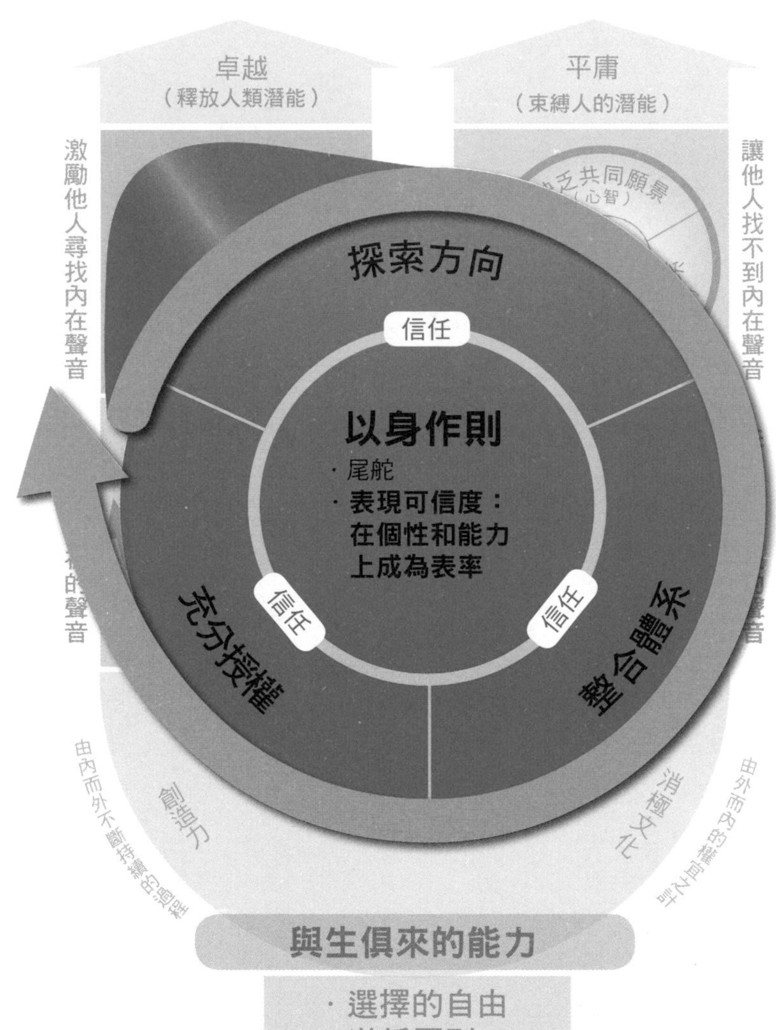
卓越
（釋放人類潛能）
平庸
（束縛人的潛能）
激勵他人尋找內在聲音
讓他人找不到內在聲音
探索方向
信任
以身作則
· 尾舵
· 表現可信度：在個性和能力上成為表率
充分授權
整合體系
創造力
消極文化
由內而外不斷持續的過程
由外而內的權宜之計
與生俱來的能力
· 選擇的自由
· 遵循原則
· 四種才能

行總裁雖然有不軌的行為，但是表面上看來，難道不是一個成功人士的典範？

這個問題，顯示了現代生活所面臨的一個困境，很多人開始相信成功的要素就是才華、活力和個性。但是歷史告訴我們，內在遠比表象更重要。

在為《與成功有約》的寫作做準備時，我曾經有系統的研究了美國建國以來所有關於領導藝術和成功的著作。我發現在最初的一百五十年裡，人們關注的幾乎都是人品和原則。但是進入工業時代之後，在第一次世界大戰之後，關注的重點逐漸轉移到個性、技巧和技術。

這種趨勢目前還在持續，但是，當人們經歷了缺乏價值觀的組織文化之後，已經開始反省，我感覺到一股反潮流正在出現。愈來愈多的組織機構體認到誠信、人品的價值及在企業中建立信任的重要性。愈來愈多人體認到了解靈魂深處的必要性，以及自己在問題中扮演的角色，然後才能明確的想出解決辦法。

那位與部屬有染的銀行總裁後來怎麼樣了？我坦白告訴他我所知道的一切，以及這行為對員工士氣的影響，他苦惱的說：「可是，我不知道該從哪裡下手解決這個問題。」

「你們結束了嗎？」我問他。

他目光堅定的望著我說：「是的，完全結束了。」

「那麼，就從向你的妻子坦白開始吧，」我這樣建議。

領導人最重要的特質：正直誠實

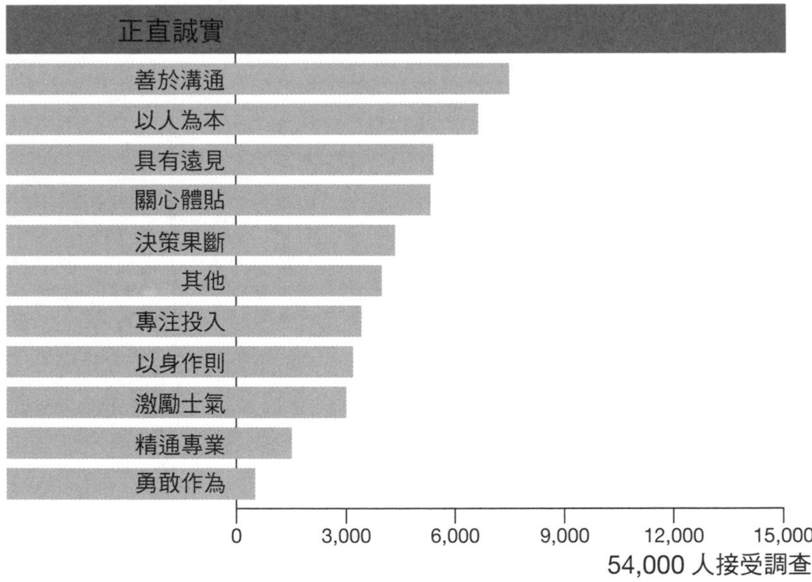

他告訴妻子，妻子也原諒了他。然後他召集全體員工開會，指出士氣低落的問題，然後說：「我已經找到問題的根源，那就是我。所以，我現在請求你們再給我一次機會。」雖然花了一段時間調整，幸好最後員工士氣提高了，公司又有了開放、樂觀和信任的氣氛。不過整個事件中最大的受益者，是這位總裁本人，因為他重新建立了自己的人品。

個人可信度

他人的信任來自個人的可信度，而可信度則是從人品和能力中產生的。當你注重發展自己的品格和能力，你的智慧和判斷力必然會隨之提高；而智慧和判斷力是所有偉大成就和信任的基礎。

先看一下個人品格的三個層面：正直誠實、成熟穩重及富足心態。

正直誠實意指堅持原則，因為這些最終都將控制一切行為所產生的後果。堅持誠實原則，才會說真話；堅持正直，才會信守承諾。

成熟穩重指的是一個人能戰勝自我，勇敢作為，同時對他人善良仁慈。換言之，這樣的人在處理棘手問題的時候還能保持同情心。而勇氣和仁慈結合起來，既是正直誠實的泉源，又是正直誠實的結果。

富足心態指的是，不把生活看成一場只有一個勝利者的競爭，而是當做不斷進步的機會和財富的泉源。你不會總是和人比較，而能真心為他人的成功高興。心態貧乏的人，對自己的定位總是建立在與別人比較的基礎上，別人的成功會對他形成威脅。

再來看一下個人能力的三個層面。

技巧能力是指，了解完成某項任務所需要的技術和知識。

抽象思維能力是指有高瞻遠矚、觀照全局的能力，能夠進行策略性、系統性思維。

相互依賴的能力，指的是一個人能認識到世界萬物都是相互關聯的能力。這一點在組織和互補型團隊中特別重要，因為只有這樣，才能贏得並且保持客戶、合作夥伴、供應商等人的忠誠。

當然，品格和能力都是必備的，但不是每個人都能兼顧。史瓦茨柯夫將軍（General H. Schwarzkopf）說過：

我在軍隊裡見過很多領導者，他們很有能力，但是品格不佳。只要有一點成績，就想得到獎勵、升遷，想不惜一切踩著別人往上爬。同樣的，我也見過很多人品高尚，但能力不足的人，他們不願意比別人付出更多，但這卻是一個領導者的責任。想在二十一世紀成為領導者……，你就需要既有能力，又有品格。

注重品格與能力將提升智慧與判斷力

個人／組織

品格
正直誠實
成熟穩重
富足心態

智慧
判斷力

能力
技巧能力
抽象思維能力
相互依賴能力

如果你之前沒有意識到人品的重要，現在應該知道了。如果你不怎麼值得信賴，那麼你的生活也不會有突破性的進展。所以，在改善任何一種人際關係前，你應該先從改變自己著手。

以身作則就是要養成七個習慣

《與成功有約》的七大習慣能夠教你成為一個平衡、完整而且有影響力的人，在相互尊重的基礎上，創建一個互補型的團隊。這些都是關於個人品格方面的原則。以下簡短摘要介紹。

習慣一：主動積極

主動積極指的不僅是要採取主動行為，還包括我們應該對自己的選擇負責。人類有選擇的自由，但這建立在原則和價值觀的基礎上，而不是建立在情緒和條件的基礎上。積極主動的人是變革的催化劑，他們選擇不做受害者，也不埋怨其他人。

習慣二：以終為始

不論是個人、家庭、團隊或組織，當他們開始對任何或大或小、與自己或他人有關的計畫勾勒願景時，就已經在塑造自己的未來了。他們不會沒有目標的一天過一天，他們認同對自己來說最重要的原則、關係和目標，並且始終堅持。

習慣三：要事第一

要事第一指的是按照重要順序排列自己的任務，並且堅持先做最重要的事。不論身處什麼樣的環境，你的生活重點和行為動力應該依據你最重視的原則，而不是看似最緊迫的任務和壓力。

習慣四：雙贏思維

雙贏思維尋求的是所有關係中的互惠和相互尊重。這種思維的基礎是充足的機會，而不是匱乏和對抗競爭。這種思維方式與自私自利型（我贏你輸）和殉道型（我輸你贏）的方式都不一樣，因為它思考的中心是「我們」，而不僅是「我」。

習慣五：知彼解己

當我們傾聽且試圖理解他人，而不是想回答問題的時候，我們與別人就開始一種真正的交流。這樣做，你會更自然、更容易得到公開發言的機會和被他人理解的機會。了解別人需要經過深思熟慮，而想讓別人了解你則需要勇氣。想擁有高效能，關鍵在於能否平衡或調和兩者的關係。

習慣六：統合綜效

統合綜效是第三種選擇方案，既不是你的方案，也不是我的，而是獨具特色、比任一方的方案更好的第三種選擇。只有在尊重、重視甚至讚揚雙方差異的基礎上，才能做到這一點。它的重點是要解決問題、抓住機會、平衡差異。這是一種富有創造力的合作方式，是一加一等於三、等於十一、等於一百一十一，甚至更多。

習慣七：不斷更新

不斷更新指的是要在四個基本的生活領域——身體、心智、情感和心靈，不斷提升自己。這個習慣能強化能力，幫我們更順利的完成其他六個習慣。

這七個習慣定義了你是一個什麼樣的人。它們能夠為你建立可信度、道德權威和技術基礎，讓你在職場、家庭、社區和整個社會，建立影響力。它們也是位居四項領導職責之首的「以身作則」的核心。

很多企業都會培養員工形成這些習慣。受過培訓的人發現，如果能得到制度上的支持，這七個習慣在實際工作中很有用處。但是在大多數的情況下，低信任度的文化氛圍、不協調的結構和系統，都無法提供他們所需要的支援，使得很多人認為這七個習慣無效。實際上，因為習慣不只是抽象的概念，而是實踐練習，唯有當人們實踐這七個習慣的時候，才能真正認識並掌握它們。如果有了四項領導職責做為大前提，這七個習慣就能更全面的體現，成為有效培訓計畫的主要內容，而且上升到具有策略性意義的高度。領導者的四項職責能讓這七個習慣成為主流。

七個習慣的模式

這七個習慣代表了不同的原則，還包含不同的思維方式。

習慣一「主動積極」表現的是一種自主自決的思維模式，而不是讓遺傳、心理及環境這些外在因素做決定；它所傳達的訊息是「我能夠而且願意自己做出承諾」。習慣二「以終為始」的思維模式是：所有事情都要經歷精神和物質雙重的創造過程，它的重點是承諾的內容，「我能夠同時兼顧承諾，以及透過承諾所達到的目標。」這是聚焦的能力。習慣三「要事第一」是關於優先順序、行動和執行的思維模式，「我有能力也有責任兌現承諾。」

習慣四、五和六分別是「雙贏思維」、「知彼解己」和「統合綜效」，這是與他人互動時所擁有的「富足心態」的思維方式——充分的尊重和相互理解及尊重差異。這同樣也是互補團隊的核心內容。

習慣七「不斷更新」是朝著全人目標不斷努力的思維方式，包括接受教育、學習和再教育、再學習，讓人在每一方面都不斷提升。

以身作則的工具：有系統的個人計畫

以身作則在領導職責中是首要任務，所以，你首先要做的是找到生活的中心：對你來說什麼是最重要的？什麼是最有價值的？你對將來有什麼願景？你想在家庭中做一個怎樣的父親、母親以及兒子、女兒？你打算如何服務社會及其他需要幫助的人？你打算怎樣保持或改進目前的健康狀況？你了解自己的成長和發展嗎？你真正的專長是什麼？你的才華表現在哪一方面？你真正的興趣是什麼？你所在的組織和市場中，最大的需要是

七個習慣包含的原則和思維模式

習慣	原則	思維模式
❶ 主動積極	責任感／主動	自主自決
❷ 以終為始	遠見／價值觀	兩個創造／聚焦
❸ 要事第一	正直誠實／執行	優先順序／行動
❹ 雙贏思維	相互尊重／互惠	富足心態
❺ 知彼解己	相互了解	深思熟慮／勇氣
❻ 統合綜效	創造性合作	價值差異
❼ 不斷更新	更新	全人

什麼？你的良知告訴你應該在哪些事情上採取主動？你在工作中想要做什麼改變？你有什麼樣的權力這麼做？

有系統的個人計畫，是完成這項任務的有力幫助。你可以這樣訓練自己：把你想得到的所有重要事項記錄下來，按照重要性排序，作成個人計畫。然後根據這個有系統的規畫，平衡組織和紀律的要求及自發行為的要求。換言之，這樣你就可以掌握重點並且實際執行。

把想法寫下來很重要，因為它能夠把意識和潛意識中的思緒明白表達出來，而且它涉及神經系統的運動，會使原有的想法在大腦中形成更深刻的印象。如果你想檢驗這個說法的真偽，可以在前一天上床睡覺前，寫出第二天起床後最想做的事

生產力的金字塔

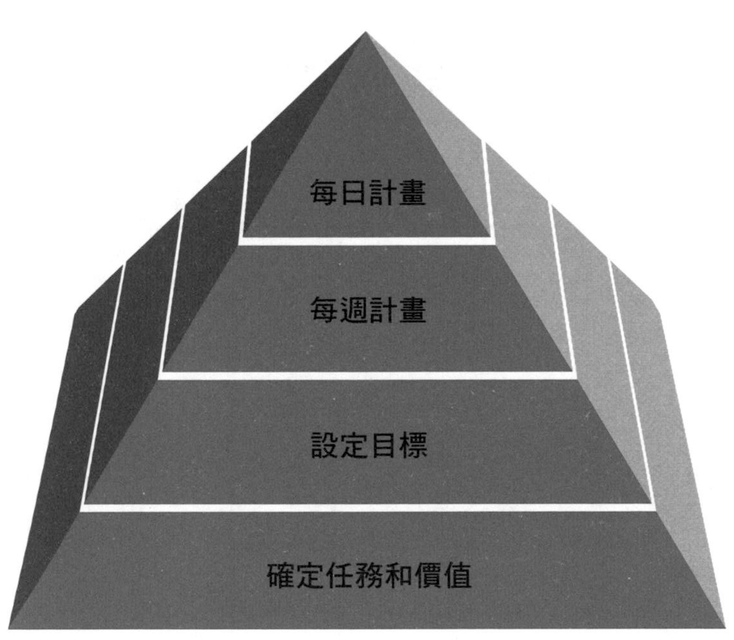

情，然後在腦子裡想另一件第二天早晨想做的事情。多數情況下，隔天一睜開眼睛，你首先想到的，是寫下來的那件事情。

建立並且維持個人計畫有很多種方法。最重要的是，你選定的方法能夠讓你集中時間和精力，先做那些在優先順序中居於前位的事情。有些方法對某些人來說很有效，但是另外一些人會認為很乏味。有效的計畫和組織工具應該符合下面三個標準：與你的生活方式一致；機動靈活但使用起來十分方便；應該是為你量身訂做，符合個人需要的。

撰寫個人使命宣言

有一個簡單的方法可以評估，全力投入的事情和最關注的事情是否一致，那就是使用生產力金字塔。

首先，最基礎的步驟是「確定任務和價值」，也就是標準和理想。貓王普萊斯利曾經說：「價值觀就像指紋一樣，每個人的價值觀都不一樣，但是他的所作所為都帶有價值觀的印記。」正如前面所說的，這些價值觀應該以原則為基礎，這樣你的生活才能有一個不變的核心，提供源源不斷的安全感、指南、智慧和能量。

做到這一切的關鍵，就是要將個人任務明確的用文字表達出來，寫出對你來說最重要的事情，也就是我所謂的個人使命宣言，其中包含了願景和價值觀。將這個核心任務明確表達出來，有助於你按照優先順序安排自己的生活。

如果你不知道如何寫個人使命宣言，本書的英文網站提供了步驟，可以幫助你完成（www.franklincovey.com/msb）。

接著，你需要確定自己所扮演的最重要的角色（家庭成員、志工、朋友、父母、主管），然後根據價值觀和對主要角色的認知，確定每週的目標。

使命宣言能夠幫助你在能力範圍內定出可行目標，這些目標也可以再劃分為小目標。你對這些既定目標的投入程度與你的價值觀有直接的關連。清楚認識自己的身分及目標，能夠讓你的生活更平衡。

這個金字塔的第三層是每週計畫。在這期間，你應該思考自己所扮演的角色，然後選擇最重要的任務並針對它們優先制定計畫，接著就可以開始做每日計畫。你應該先列出實際的任務表，然後按照優先順序排序，再確認自己的行程表。

在《與時間有約》中，我對於個人使命宣言和如何有系統做計畫，有更深入的探討。

總之，如果你在制定每日計畫時，忽略了自己的使命，忽略了你在生活中所扮演的每一個角色的最終目標，忽略了制定每週計畫，你就會成為一個哪裡起火就奔向哪裡的消防員，疲於應付各種危急狀況，在無數的小事中疲於奔命。

問題與解答

一、你說在一個組織機構中一定要有可信的人，整個組織才會有信任可言，但是如果客戶濫用員工的信任或者蠻不講理，該怎麼辦？

炒那些客戶魷魚。我認識一家十分出色的公司，如果有確實的證據顯示某些客戶一直對他們的員工不公平，他們會寫信給這些客戶，直截了當的表示不想和他們做生意了。不過比這更好、更高明的解決方法，還是在充分交流的基礎上找到第三條道路，當然在這之前要先學會傾聽。

9 贏得信任

得到別人的信任與得到別人的愛相比，前者是一種更大的幸福。

——文學家 麥克唐納（George Macdonald）

當我們尋找方法擴大自己的影響力，並激勵他人找到他們內在的聲音時，我們已經進入了一個人際交往的世界。想要建立牢固的人際關係，不僅需要內在的安全感、富足的心態，以及個人的道德權威做為人格基礎，還需要發展至關重要的人際關係技巧，以面對與人相處的挑戰。

幾乎所有工作都是透過人與人的合作或者組織之間的合作完成的，一旦沒有了信任這個基礎，人際之間的交流將如何？答案是根本不可能有任何交流，因為那就像在地雷區行走一樣。

如果雙方能夠進行透明準確的交流，但是彼此之間毫無信任，又會怎麼樣？你們會忙於尋找對方真正的想法和計畫。缺乏信任，即是惡劣的人際關係最好的定義。

如果人與人的溝通存在著很高的信任度，相互之間的交流會很容易，幾乎不費吹灰之力，就能立即產生效果。如果有很高的信任度，即使你犯了錯誤也完全不成問題，因為人們了解你。「別擔心，我理解。」「忘了它吧，我知道你的意思，我了解你。」到目前為止，沒有任何一種科技發明能做到這一點。但是要贏得他人的信任卻不是件容易的事，需要費時費力去經營。

幾年前，我去拜訪一位剛完成大案子的朋友。我很熟悉他的工作，所以向他祝賀，讚揚他的工作讓上千人受益。我問他從中學到了什麼，他說：「我敢肯定的說，這兩年的

通往卓越的地圖

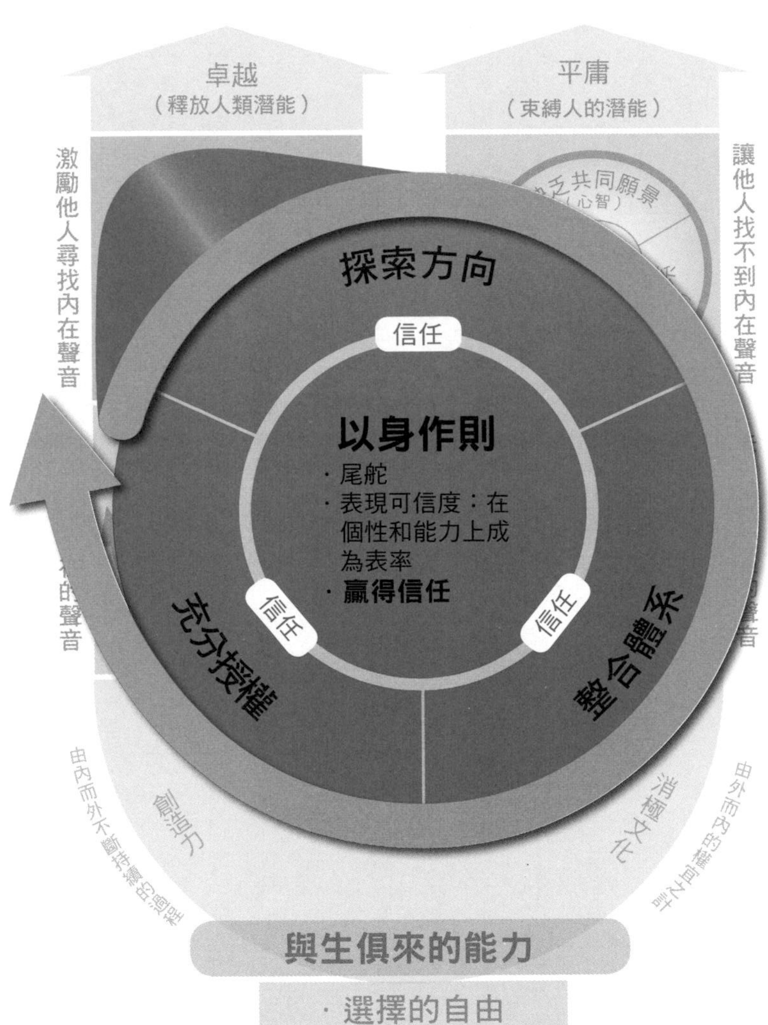
卓越
（釋放人類潛能）
平庸
（束縛人的潛能）
激勵他人尋找內在聲音
讓他人找不到內在聲音
探索方向
信任
以身作則
· 尾舵
· 表現可信度：在個性和能力上成為表率
· 贏得信任
信任
信任
充分授權
整合體系
的聲音
創造力
消極文化
由內而外不斷持續的過程
由外而內的權宜之計
與生俱來的能力
· 選擇的自由
· 遵循原則
· 四種才能

工作將對我一生影響很大。」他停頓了一下，然後感觸很深的說：「不過我學到的最重要的一點就是，如果沒有我和妻子之間那種一致的、親密的信任，這一切都將變得毫無意義。」

就在我拜訪過這位老友之後，他又完成了兩個費時更長的專案，全部都像第一個專案一樣重要，需要投入大量時間和精力。但是每一個專案完成之後，他和妻子的關係都能更穩固。回顧這些經驗，他和我分享了最近的心得：

我真正了解到，就算你信守婚姻的諾言、愛自己的配偶、彼此忠誠無欺、一起撫養孩子，有時還是會損害這種關係和信任。你根本不必說什麼傷人的話或表現得不尊重對方，一樣可以傷害到對方。對於跟你十分親近的人來說，你只要從心理、在精神上忽視他，你們就已經不再親密，你們之間的信任也無法長久。因為這些都是需要細心呵護的情感，需要定期的交流和關心，需要不間斷的讚賞和服務。

我認識到我們婚姻的品質以及我個人的幸福，與她為我做了些什麼沒有太大的關係，而是和我自己密切相關。這一切都取決於我是否能夠每天都讓她開心，是否能夠分擔她的不快，是否能夠和她一起在我們都關心的事情上共同進退。我了解到，我和妻子的結合，是我生命中最偉大、最有效的動力泉源。這不僅表現在我們在家裡和社區共同的工作中，還表現在我生活的各個領域，包括我的工作領域。這一切都讓我能夠更好的投入工作，讓我更有創造力，能夠有更多的貢獻。

最後一點是，我認識到，真正的關係是需要付出努力和犧牲才得以維持的，需要你將另外一個人的安寧、成長和幸福放在首位。這一切都是值得的！因為這種努力是通往幸福的大門。如果沒有這樣一種關係，還有什麼能讓我們走出自己、發揮潛能呢？

信任是一種儲蓄

長久的信任無法做假，也很少因為一次戲劇性的行為就產生。它是在良知和心靈的驅動下，長期行為的結果。在《與成功有約》一書中，我以情感銀行帳戶來比喻信任度：情感帳戶就像銀行帳戶一樣可以提、存，你可以進行情感的儲蓄和提取，但結果不是使你們之間的關係更堅固，就是走向破裂。

下表列舉了情感帳戶十個主要的存入和支出內容，就我自己的經驗而言，這些對人際關係中的信任都會造成深遠的影響。同時，我還列舉了每種行為所要求的犧牲及所包含的原則。

十個情感儲蓄行為能建立人與人之間的信任關係，我認為這些行為的第一個共通之

十個情感儲蓄行為

儲蓄	支出	必要的犧牲	內在原則
先努力理解他人	先求被他人理解	不耐煩、自我中心	相互了解
信守承諾	破壞承諾	情緒、感情、時間	完整／執行
誠實、開誠布公	圓滑的操縱	自我中心、傲慢、控制	遠見／價值觀、統一／執行、相互了解
和善、有禮	冷漠、無禮	自我、時間、感覺、成見、偏見	遠見／價值觀、完整／執行
雙贏或無交易的思維方式	我贏你輸或我輸你贏的思維方式	勝者為王、競爭意識	相互尊重／互惠
明確的期望	破壞期望	蜻蜓點水式的交流	相互尊重／互惠、相互了解、創造性合作、更新
對不在場者保持忠誠	不忠誠、欺騙	某些社會認可、祕而不宣	遠見／價值觀、完整／執行
道歉	驕傲、自負、傲慢	自我、傲慢、驕傲、時間	遠見／價值觀、完整／執行
接受回饋意見	不接受回饋意見	自我、傲慢、驕傲、起反作用的溝通	相互了解
寬恕	心懷怨恨	驕傲、自我中心	遠見／價值觀、統一／執行

處，就是它們都是主動行為，都是需要意志力和決心。你可以看到，這些行為全部都是你能力所及，都在影響力範圍之內。因為它們全都建立在原則的基礎上，能夠產生道德權威或信任。

第二個共通點，我認為是不自私與謙虛，也就是說，對生活中每一個人的價值和潛力，都心存敬意。

如果不持續投入情感，經過一段時間以後，道德權威、信任和結合就會消失，這尤其適用於那些我們長期一起工作和生活的人，因為這些人對我們的期望相對比較高。

第三個共通點，是它們都要求做出某種犧牲，就像在生活中要獲得有價值的東西，都需要付出的道理一樣。

如果你已經很熟悉這些情感帳戶的內容，我建議你用全新的眼光重新思考，看它們能否幫助你表現自己，並且激勵他人尋找內在聲音。

努力理解他人

為什麼把「努力理解他人」放在情感付出的第一位？原因很簡單。如果你想要對一個人付出的話，在沒有充分了解他之前，你不會知道怎麼做。對你來說一個很高的儲蓄額度，對於另外一個人來說可能比較低，甚至是一項支出。而一個對你來說十分重要的承諾，對另外一個人可能一點都不重要。你表達誠實、開放、友善和禮貌的方式，經過了某種獨特文化或個人的過濾之後，可能完全不一樣。但是背後的原則都一樣：站在對方的角度去理解，就知道應該採取什麼行動。

在學習如何在情感銀行帳戶進行儲蓄之後，一位女士覺得這個方法值得嘗試。她後來和我分享了親身經歷：

> 我決定要為我的丈夫做點事情，來改善夫妻關係。我認為，讓他回家時看到孩子穿戴整齊乾淨、盡快洗好衣服，應該可以讓他高興一點。
>
> 在我當了大約兩星期的超級洗衣婦之後，丈夫完全沒有反應，我想他根本沒有注意到這些，讓我有點受不了，但是我安慰自己「這點小事算不了什麼！」然後，有一天晚上，當他還是老樣子的鑽進被子裡睡覺時，我猛然間省悟了。
>
> 天哪，他根本不在乎小孩的臉蛋是不是乾淨，他的牛仔褲是不是清潔，這些是我喜歡的。他更喜歡我幫他抓抓背，喜歡我在星期五晚上跟他出去約會。我真該踢自己一腳，瞧我在這裡忙個不停，可是這些付出對他來說什麼都不是。
>
> 終於，我費了很大的力氣才明白這個簡單的道理：真正的付出，必須是對方願意接受

的東西。

信守承諾

如果你做出某個承諾，卻沒有遵守，沒有什麼比這種做法對信任更具摧毀力的了。相反的，也沒有什麼比信守承諾更能建立並且加強信任。

做出承諾是一件非常容易的事情，因為這樣能夠很快滿足一個人，尤其當他急切需要解決某個問題的時候。他們需要承諾，並因此喜歡你，而人通常都樂於被喜歡。

通常，我們的心情愈急切，愈容易相信別人的承諾。所有人都無法抗拒契約和協定，因為他們迫切想得到某種東西，因此情願相信能夠得到它的任何解釋、說明或承諾。他們對那些不利的資訊視而不見，一廂情願的相信自己願意相信的東西。

但是，信守承諾是一件很困難的事情。這涉及一段非常痛苦的犧牲過程，尤其在做出承諾時的那種快樂情緒過去以後，當困難出現或環境發生變化的時候尤其如此。

因此我培養了一種習慣，那就是在做好充分的準備、打算不惜一切也要信守承諾之前，盡量不使用「承諾」這個字眼。尤其面對孩子的時候，更應該這樣做。

誠實、開誠布公

籃球教練皮蒂諾（Rick Pitino）是一個傳奇性人物，他用簡單而深刻的語言表達了誠實這個重要原則：「說謊是將問題推給將來，誠實則是將問題留給過去。」

我曾經和一個建築承包商共事，他對自己所面對的挑戰出人意料的坦率，甚至對我們這個專案中他所犯的錯誤也開誠布公的說出來，願意承擔責任。他一直向我們提供完整詳細的帳目，在不同階段提供所有可能的選擇，因此我本能的完全相信這個人。因為不論發生什麼狀況，我相信他都會將我們的利益放在首位。

任何一個人，若是出於驕傲和天性都會隱藏自己的錯誤，從而避免尷尬，但是他卻將自己的正直和誠實，以及我們的合作關係看得更重要，這在我們之間建立起非比尋常的信任關係。這種信任，為他贏得了更多的生意。

還有一次，我在大學工作的時候，有幸接待了一位著名的心理學家，他被譽為「完整性治療方法」（Integrity Therapy）的創始人。這種心理治療方法，建立在一個理論基礎上：如果你的生活對你的良知來說具有完整性，那麼就能擁有精神的安寧、真正的幸福和平和。他相信良知包含公認的對錯標準，而這對所有悠久的文化、宗教和社會來說，都是相同的。

有一天下午沒有安排講座，我駕車帶他遊覽山景。利用這個機會，我問他是怎麼開始完整性治療方法的。

他說：「其實是從我個人的親身體驗開始。我曾經是一名躁鬱症患者，生活中充滿了起起落落。有的時候，當我為別人提供諮詢意見時，會覺得緊張、無助，這個時候我就會變得抑鬱，甚至想過結束自己的生命。因為我在這方面受過專業教育，工作也與這個領域相關，我知道這樣的狀況很危險。所以我進入專門的醫療機構，不讓自己做傻事，這樣一、兩個月以後，我又能出來繼續工作。但一年左右，我又會重複這種狀況。」

他繼續說：「後來我擔任了這個學會的主席，但是有一段時間我病得很嚴重，情緒非常低落，根本沒有辦法參加會議或在辦公室主持日常事務。於是我問自己：有沒有可能，我人生和事業的整個框架根本就是錯誤的呢？多年以來，我生活在一個謊言當中，我的生活中存在著陰暗面，但我從來沒有正視它。」

車子仍然向前開，他開始跟我分享過去的經歷。我嚴肅謙恭的聽著，雖然有一點害怕，不知道他將要說什麼。他說：「我做了一個重要的決定，要與過去的生活一刀兩斷。我和外遇的對象分手，並向妻子坦白。這麼多年以來，我第一次得到了心靈的平和，這種平和跟我從躁鬱症中恢復過來所得到的平和完全不同，是一種內心深處的平和，一種對自己誠實，一種自我的統一，一種完整。」

「就這樣，我開始探討相關的理論，研究是不是忽視、否認、違背自然良知，導致了個人完整性的缺失，才會產生我經歷的問題。我聯絡了其他臨床治療師，他們也開始用這個模式治療患者。臨床研究的結果印證了我的想法，我就此開始了完整性治療方法的研究和實踐。」

這位心理學家的坦誠及深切的懺悔，留給我深刻的印象，也給第二天參加大學論壇的數百名學生留下了深刻印象，因為他在論壇上也講了這段經歷。在這種治療方法中，以身作則和開誠布公是兩個非常重要的因素。還有一點也非常關鍵的，那就是個人的完整不僅對人際關係來說很重要，對自己的心理健康及追求理想生活的能力，也同樣重要。

親切有禮

對有些人來說，很小的事情可能很重要。有一次，一名學生在學期末來找我，他先稱讚了我的課，然後說：「柯維博士，您是人際關係方面的專家，可是連我的名字都不知道。」

他說得對，說得我又懊惱又尷尬，這給了我一個小小的教訓。我總是太過於強調抽象的概念、任務和功效，卻忽略了一些細節對建立關係的重要性。很多時候，除非彼此的關係已經十分牢固，而且有共同目標，否則很難擁有高效能。對事就不會這樣，因為事務是沒有感情的，只有人才有，即使是那些所謂的大人物也有感情。小小的禮節和善意都將不斷產生巨大的利益，這就是情感才能探討的問題。

一方面，人們能看穿虛偽的親切有禮，但是真正的和善、禮貌和尊重均來自一個人深層的本性，不需要很多的社會理解和儀式化的殷勤。

我會教導孩子，不論在家裡或學校，如果他們學會並真誠持續的使用四句話（加起來只有十一個字），那麼大多數情況下他們都能得到想要的東西：「請」、「謝謝」、「我愛你」、「需要幫忙嗎？」

成年人其實只是大孩子而已。

雙贏或停止交易

輸贏的思維模式，幾乎是所有談判及解決問題的潛在思維方式，這個思維認為「別人得到的愈多，留給我的就會愈少」。所以，如果競爭的目標是得到想要的東西，通常指的是盡可能操縱或戰勝其他人，對抗的雙方會鬥爭到分出勝負或握手講和為止。

有一次演講時，我提到，要打破這種輸贏思維模式，關鍵就是要從理智和情感上，把別人的勝利當做自己的勝利一樣看待。這樣做需要勇氣、富足的心態及極大的創造力。我教他們從「停止交易」做起。實際上，除非你的思維模式中有「停止交易」這個選項，除非你準備好隨時離開，欣然接納不同意見，除非雙方都認為自己獲得了勝利，否則你會發現，自己實際上是在操縱對方、迫使或威嚇對方讓你獲勝。

而一旦「停止交易」成為一個選項，你就可以坦白告訴對方：「除非這對你來說是真正的勝利，對我來說也是真正的勝利，否則讓我們就此打住，乾脆放棄吧！」這是一個完全自由的過程，需要結合人性中的善良、力量和勇氣；一旦做到這一點，今後雙方將會永遠彼此忠誠，就算是對方不在場也一樣。

演講結束之後，有一位坐在前排的男性聽眾走過來，感謝我提供了一個非常及時的觀念。他任職於迪士尼艾普科特（Disney Epcot）公司，第二天就想在一個場合中運用這個方法。他解釋，有意願提供他們公司大筆資金的人想要舉辦一個國家展覽，但是迪士尼艾普科特認為這不會引起人們太大的興趣。但是他們感受到壓力，所以打算為了得到資金和發展進行妥協。現在，他看到了解決這個問題的新方法。

之後他告訴我，他充滿敬意的對贊助商說：「我們的確想和你們建立牢固的合作關係，真正做到雙贏。我們非常需要你們的贊助，但是考慮到雙方之間存在的巨大差異，我們認為，如果不能真正做到雙方同時受益的話，那麼最好的解決方式就是放棄合作。」贊助商感受到了他的誠意、坦白和誠實，於是不再操縱，也不再施加壓力。他們重新組織，開始了真正的交流，最後完成一個真正能創造統合綜效的雙贏安排。

明確的期望

明確的期望是上述所有情感儲蓄的總和，因為要確認角色和目標期望，需要彼此有充分的理解和尊重。研究發現，幾乎所有交流中斷，根本的原因就是對角色和目標的期望不明確，或者沒有達到預期。換言之，誰應該擔任什麼角色及這些角色應該達到什麼目標，沒有一個明確的期望。

有一次，我和一個大型餐飲協會的高階主管討論如何建立團隊合作。他們的問題十分明顯，就是應該優先考慮的問題和目標之間有衝突，而且這些衝突已經到了不容忽視、必須立刻解決的地步，否則將會嚴重影響組織。我只帶了兩張掛圖，一張頂端寫著：「你如何看待我的角色和目標」，另外一張頂端寫著：「你如何看待自己的角色和目標」。沒有判斷、沒有評價，我讓他們先填寫這兩張圖表，並修改到自己滿意為止。

最後，每一個人都清楚的認識到，那些看上去無法調和的矛盾，不過是對角色和目標有不同的期望而已。他們之間又恢復了從前的信任和尊重。只有在確定了期望之後，合作的雙方才能真誠的交流。

對方不在場時也能保持忠誠

對方不在場的時候也能保持忠誠，是所有情感儲蓄中最難做到的一項，這是對雙方性格及彼此關係最嚴厲的考驗。因為似乎只要某個人不在場，幾乎所有人都會開始對這個人說三道四。

這時候，你就可以出來主持正義，對大家說：「我不這麼認為。」「我的經驗告訴我事情不是這樣的。」「你說的可能有道理，不過我們最好還是跟他本人談一談。」你如果真的這樣做了，就表現出做為一個人的完整和自己的忠誠；這種忠誠不僅是對那些不在場的人，也是對那些在場傾聽你這番話的人。

不論大家是否贊成你的做法，在內心深處，所有人都會佩服並尊敬你，因為他們知道，當他們不在場的時候，你還是一樣珍惜他們的名聲。

我記得有一次參加一個大型組織的會議，會議上主管們討論了人事安排。大家似乎一致同意某個人有某些缺點，甚至開始談論他的可笑事情，這些都是他們當著那個人的面絕對不會做的事情。

那一天稍晚，其中一位主管走過來說，他現在終於相信我對他的欣賞和讚揚了：「因為當我們在會議上使勁說著那個人的壞話時，你站出來表達了相反的意見，並且表達出真正的關心、愛護和尊重。」我問這跟他有什麼關係。他回答說：「我也有類似的缺點，有些甚至更糟，沒有人知道這一點，包括你在內。因此每當你說那些欣賞我和讚揚我的話，我總是不以為然的告訴自己『你並不了解我』。可是今天我覺得就算我不在那裡，你也會這樣真誠對待我。所以我信得過你和你說的那些話。」

所有問題的關鍵通常只有一點，那就是不論一個人是否在場，你對他的看法和關於他的談話將影響很多人，大家將了解到你會怎樣對待他們。

道歉

學會說「我錯了，對不起」或「我只顧自己的感受，忽略了你的」，同時確實這樣做，是最有力的道歉。我親眼目睹過斷絕多年的關係，因此在短時間內恢復。如果你是一時興起，說了一些不真誠的場面話，那麼你的道歉只能顯示內心的驕傲，只會流露出你真正的想法。

我曾經因為一件很重要的事情和朋友起了非常不愉快的衝突。之後，儘管我們表面上彬彬有禮、友善親切，這件事仍然嚴重影響了我們的關係。

有一天他來找我，說這種緊張關係讓他很難受，他很想恢復從前的和諧。他說這對他而言十分困難，因為這意謂著要重新審視心靈，看一看從前做過的錯事，但他真心想道歉。這番道歉十分謙卑、真誠，沒有任何為自己辯駁的意思；這使我重新審視自己，並且承擔自己應負的那分責任。就這樣，我們又和好如初。

一位從前的同事跟我說了她的親身經歷。她曾經和一個高層領導團隊共同度過一個星期。有一天上午，總裁在開場白中鼓勵大家在表達自己的觀點之前，先傾聽並理解別人的想法。但那天下午的會議卻發生了一件事：

當討論進行到一半的時候，一個不太受歡迎的主管戴維，開始講述自己如何應付某個商業問題。當時大家都不贊同他的見解。說實話，我也想反駁他。就在這時候，總裁大笑了起來。

這個情況讓我目瞪口呆。就在幾個小時之前，總裁還在分享他感人的個人經歷，大談什麼應該等別人說完自己再說，要努力去理解別人的行為，可是現在他的所作所為正好相反。我不可能在眾人面前指責他，所以只好瞪他。他肯定看懂我的意思：「我真是太失望了！如果你不馬上採取補救措施，我就離開。」

這之間，他的部屬還在拚命攻擊那個可憐的傢伙。突然，總裁開口了：「夠了，我做錯了。戴維，請你原諒我。」

「為什麼？」戴維有點困惑。對他來說，這是一件很平常的事。

「我不應該笑你。我們其實根本沒有好好聽你說就直接反駁。你能原諒我嗎？」

我本來以為戴維會說一些「沒關係，別放在心上。」之類的話，但是他的回答讓我大吃一驚：「傑克，我原諒你，謝謝你。」主動原諒別人而不是把整件事忘記，需要更大的勇氣。

總裁的做法令我十分訝異。他根本不必道歉，也不必當著那麼多人的面請求原諒。他領導一個八萬多人的組織，根本不必做任何自己不喜歡做的事情。會議結束以後，我走過去對他說：「謝謝你那麼做。」他說：「因為那樣做是對的，謝謝你瞪我。」關於這件事情，沒有人再說什麼，但是我們兩個都知道，那一天，我們表現了自己最好的一面。

給予並接受意見

我還在教書的時候，最親近的學生通常都會收到最直接的意見：「你應該做得更好，我不會這麼輕易放過你，不要找藉口。」很多學生都對我說，讓他們承擔責任，為自己的行為負責，改變了他們的一生，儘管這在當時對我們雙方來說都是一件很不容易的事情。

提出負面意見是溝通中最困難的，但又十分必要。很多人都有嚴重的盲點，但是並無自覺，就是因為沒有人知道怎樣告訴他們。人們總是害怕直言不諱會破壞關係，害怕對老闆說實話會斷送自己的前程。

前面提到的故事涉及的已經不只是盲點，而是自我中心。那個女同事的行為表現出勇氣和個人的完整性，而超越了階層和職位，所以她的怒目而視才能奏效。有時候這樣做並不好，也不一定有效，因為有些情況適合私下表達意見並和解。

私下提出意見最好的方式就是要說自己，而不是對方。你要說出自己的感覺、擔心或對正在發生的事情有什麼見解，而非批評對方或為對方貼標籤。這種方式通常能夠讓對方更容易接受你的意見，認識自己的盲點，因為他們不會認為你有什麼威脅。

主管應該將衝突和提出意見合法化。當你接收到任何意見，應該做出明確的回應，並且表達感謝，不管這個意見有多刺耳。如果你沒有當面這樣做，就會逐漸助長一種風氣，讓部屬認為提出反面意見是一種不忠誠的表現，是一種不順從。

所有人都需要別人的回饋，尤其是針對我們的盲點和平常極力掩護的弱點。個人成長最重要的一點，就是要克服自身的盲點。

寬恕

要做到真正的寬恕就需要忘記，然後向前看。

有一次我出差的時候接到一個經理的電話，他想辭職，因為上司狠狠批評了他一頓。我請他冷靜下來，不要在匆忙之中做決定，等見面後再說。他回答：「我打這通電話不是要徵求意見，而是通知你，我要辭職。」我這才意識到我沒有先聽他說，所以立刻請他敘述事情的經過。他傾訴了自己的經驗、抱怨和感覺，甚至妻子的反應。漸漸的，言語中的怨氣消散了，最後，他主動提出等我回去後再好好談一談。

我回去以後，他來辦公室見我，當談到實際問題的時候，他深層的憤怒和怨恨立刻浮現。我一直認真傾聽，直到他認為我完全了解他的心情；然後他的態度不再那麼封閉，而變得開放了，甚至談到了工作對婚姻和家庭生活的影響。這整個過程就像剝洋蔥，一層一層的，一直剝到了最裡面那個柔軟的核心。

後來他終於承認：如果我們不同意，沒有人可以傷害我們；所以我們自己選擇什麼樣的回應方式，是決定生活的關鍵因素；造就我們的是個人的決定，而不是所處的環境。後來，他打電話給我，說他終於了解到我們談過的原則中的智慧，而且也能接受了。他已經請求上司的原諒，上司非常驚訝，也向他道歉，兩人又恢復從前的友好關係。

被毒蛇咬一口不會立刻造成致命傷害，但是如果執意追趕蛇，毒液就會侵入心臟導致死亡。人都會犯錯，所以我們都需要原諒別人和被別人原諒。最好的做法就是把注意力放在自己的錯誤上，請求別人原諒；而不應該把注意力放在別人的錯誤上，等著別人先來請求原諒，或者當別人請求我們原諒的時候，不願意痛痛快快的寬恕他。

關於信任的補充

這一章討論的重點是贏得信任。我們能夠採取主動行為建立和他人之間的信任關係。在這裡，信任是一個名詞。但是，信任同時也是一個動詞。

我在本書的第二章講過，有個人在我年輕的時候就看到了我的潛力，遠遠超過我對自己的認識。他穿越表面、穿越顯而易見的事實看到了我的心，看到了我靈魂深處那一顆看不見的、沒有發芽的種子；這顆種子隱藏在每一個人身上，孕育著偉大與卓越。

他的信任增加了我對自己的信念和願景，讓我有了更遠大的志向和更高貴的目標。雖然我不完美，但我在成長。這也成為我的一個哲學：肯定別人，肯定你的孩子，相信他們，不是相信那些你用肉眼看到的東西，而是相信他們的潛力。

詩人歌德的話真切而又深刻：「如果一個人是什麼樣子，你就把他當做什麼樣子來對待，他就只能是原來那個樣子；如果你把這個人當做他能夠和應該成為的那個樣子來對待，他就會成為那個能夠並應該成為的樣子。」

我想要用一個例子進一步說明愛和信任一樣，也可以成為一個動詞。有一次我在演講的時候，一位男性聽眾走上前來告訴我：「我喜歡你的想法。不過每一種情況都是特殊的，就拿我的婚姻來說吧，我和妻子的感情跟從前不一樣了，我想我已經不再愛她，她也不再愛我。我該怎麼辦？」

我問他：「你們之間沒有感情了嗎？」

他很肯定的回答：「是的，可是我們有三個孩子，我們兩個都很關心他們。你有什麼建議嗎？」

我明快的說：「去愛她。」

「我告訴過你了，感情已經不存在。」

「去愛她。」

「你不了解我說的話，那種愛的感覺已經不存在了。」

「那麼就去愛她。如果這種感情已經不在了，這就是你要去愛她的理由。」

「可是怎麼愛一個不愛的人呢？」

「我的朋友，愛是一個動詞，而愛情這種感覺則是愛這個動詞的結果。所以，去愛她。做出犧牲，聽她說話，欣賞她，肯定她，你願意做這些事情嗎？」

積極的人會把愛當做動詞。愛是你實際做的一些事情：做出犧牲，放棄部分自我，就像一個母親將新生命帶到世界上來一樣。如果你想學習怎麼去愛，先學習那些為別人做出犧牲的人，哪怕對方曾經冒犯你或根本不會回報你同樣的愛。如果你已經為人父母，請審視一下你對孩子的愛以及你為此做出的犧牲。愛是通過一連串愛的行為所實現的價值。積極的人會讓自己的情感服從價值。因此，做為一種情感，愛是能夠失而復得的。

那麼，什麼地方是實踐信任，並告訴他人其價值和潛力的最佳場所？毫無疑問是家庭。如果家庭不能發揮應有的作用，那麼第二個選擇是學校。老師可以代替父母，重新建立信任的程度。

你要牢記自己擁有的這種信任別人的力量。你或許需要冒險，會失望，需要磨練，但是一旦做到了，你給予別人的就是一件無價的禮物和機會。說到冒險，沒有什麼比過一種毫無風險的生活更冒險的事情了！

問題與解答

一、在公司裡，沒有什麼比消極的態度更具毀滅性了。你如何處理這個問題？

首先，在個人層次，要做一個態度積極的好榜樣。不要抱怨、批評、比較、競爭和爭鬥。做一個燈塔般的人物，而不要做法官式的人，做一個榜樣而不要做批評家。身邊有這樣一個榜樣，比什麼都有力量。

其次，如果某個人似乎有比較負面的看法，試著和他進行一對一的交流。負面的看法通常都是更深層次意見的表現。人們需要被理解，因此試著去理解他們通常十分有效。這是對他們的肯定，也讓你有機會了解事情的根源。

最後，微笑以對，不要讓它破壞你的心情，免得這種情緒像癌細胞一樣蔓延。記住，如果你將自己的情感建立在別人的弱點上，建立在別人的負面態度上，也就意謂著你剝奪了自己的權利，而授權他人繼續用這種負面態度破壞整個文化氛圍。

你無力改變所有事情，無法改變他人，你所能做的只是改變自己。不過我發現有時候，當一個人擁有某種和天賦才能一致的技巧時，他們的態度就會顯著的改善。

舉個例子來說，如果你想教一個人打網球，而他看上去有一點情緒低落、沒有信心、表現不積極，你是應該跟他討論他的態度，還是應該教授更多擊球的知識？或者乾脆把他帶到球場上去，傳授相關技巧，然後放手讓他自己練習，讓他自然而然的想知道更多知識？你會發現，當他們開始喜歡這項運動的時候，就會變得積極。當人們有自己真正擅長的領域時，就會充滿樂觀情緒。

二、關於激勵他人，你最好的建議是什麼？

我認為，要激勵他人的第一步應該是以身作則，然後肯定他人的價值和潛力，讓他們也認識到自己的價值和潛力。你要做的不僅是表達，還要建立一個增強系統和激勵體系。我們應該了解，內在激勵和外在激勵同樣重要。人們內心的火焰像一根火柴，點燃它的方法就是摩擦。摩擦產生的溫暖能點燃其他火柴。

我喜歡布蘭查（Ken Blanchard）提出的一個觀點，他認為要在別人做對事情的時候注意他，因為人需要感受到自己被別人欣賞，但他們也需要感覺到自己所從事的工作是有價值的。

三、在網路時代，人們往往沒有面對面的交流，如何利用新科技，讓辦公室人性化，同時又能提高生產率？

從長遠來看，高科技只有和良好的關係結合，才能發揮應有的作用。一旦你和他人建立了關係，就能更有效率的進行思考和執行。科技能夠讓人更有效率，卻並不能取代關係。記住，與人有關的事情，快的結果就是慢，慢的結果就是快。科技就像人的身體一樣，它可以做個好僕人，卻不能扮演好主人。

10

融合心聲——尋求第三種解決方法

領導者不應該迴避、壓制或否認衝突，他們應該將衝突看做機會。

——班尼斯（Warren Bennis）

不論在家庭、職場或任何地方，人生面臨最困難、最具挑戰性的問題就是應對衝突。換言之，就是如何面對人與人之間的不同。

認真思考一下你面臨的各種挑戰，你就會發現此話不假。如果你擁有解決這些問題的特質和技巧，你能夠找到比所有人的提議都好的解決方法，那情況會怎樣？

有一次，我有幸聽到甘地的孫女阿倫·甘地（Arun Gandhi）談起她的祖父，在場的人聽了都很激動：

雖然這樣說有點諷刺，但是，如果沒有種族主義和種族歧視，我們也不會有甘地。他或許只是一個成功的律師，還會賺大錢。但就是因為南非存在著種族歧視，他到達後的一個星期裡飽受羞辱。

因為膚色，他被人從火車上趕下來，這對他來說是個奇恥大辱；他在月台上坐了一晚，思索自己怎麼得到公正的待遇。他的第一個反應是憤怒，一心想以牙還牙，對那些羞辱他的人動粗，但是他沒有那麼做，因為儘管那樣做可能會讓他暫時好受一點，暴力還是不對的，也不能夠讓他得到公平的對待。

他的第二個想法就是回到印度過體面的生活，但是他同樣排除了這個想法。他說：「你不能逃避問題，必須勇敢面對它。」就在這個時候，他有了第三個想法：採取非暴力

通往卓越的地圖

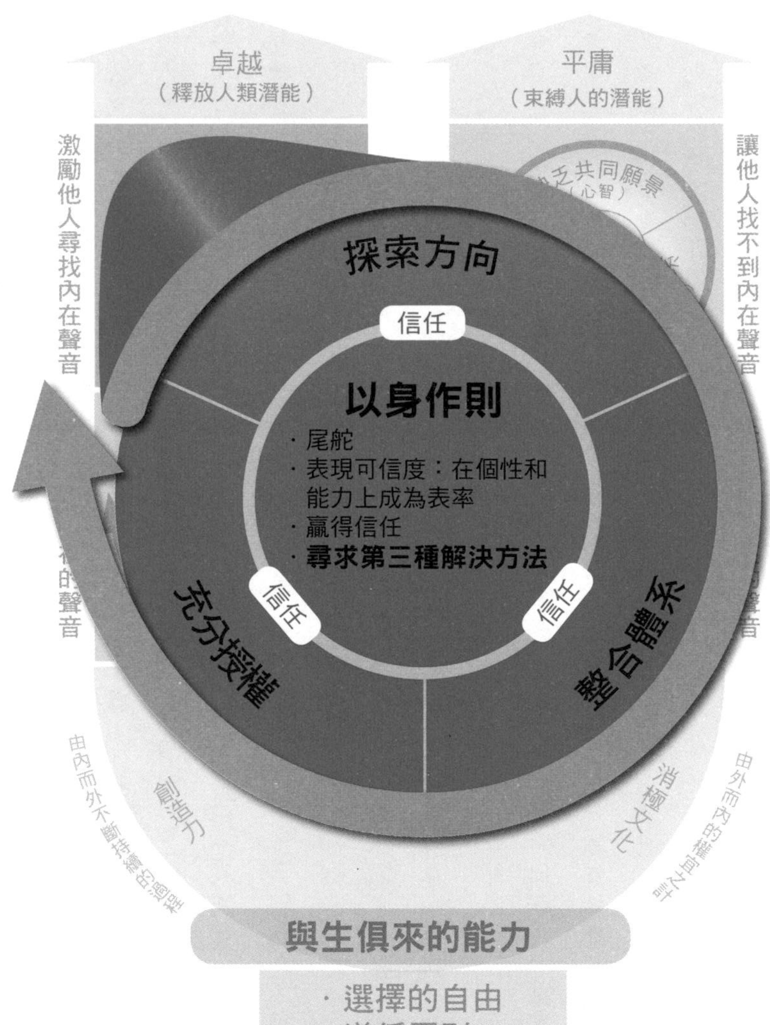
卓越
（釋放人類潛能）
平庸
（束縛人的潛能）
激勵他人尋找內在聲音
讓他人找不到內在聲音
缺乏共同願景
（心智）
探索方向
信任
以身作則
・尾舵
・表現可信度：在個性和能力上成為表率
・贏得信任
・尋求第三種解決方法
充分授權
信任
整合體系
信任
的聲音
聲音
由內而外不斷持續的過程
創造力
消極文化
由外而內的權宜之計
與生俱來的能力
・選擇的自由
・遵循原則
・四種才能

的行動。從那一刻開始，他發展出了不使用暴力但也不合作的哲學思想，並運用在南非尋求公正的抗爭中。他在南非住了二十年，然後回到印度並領導了偉大的運動。

第三種方法並不是我提出的方法，也不是你提出的方法，但又不是一種妥協方案，而是比妥協更好的解決方案。第三種方法也就是佛教所謂的中間道路，這是一條位於中間但卻高出一個層次的道路，它比兩旁的任何一條道路都好，就像一個三角形的頂點一樣。

第三種方法，是創造性努力的結果，是從兩個人或更多人共有的特點中脫穎而出的。唯有所有人都開放自己、願意傾聽別人的意見，尋求共同的解決方案，才能夠獲得第三種解決問題的方法。雖然你不知道它將導致何種局面，但確信它一定能帶來比現有方法更好的結果。

正如甘地的情況一樣，第三種方法通常來自個人的內在想法，不過也會涉及外在環境的推動力量。從上述甘地孫女的那段話中，你是否注意到，就是甘地自己內心的掙扎和他的人際關係之間的相互作用，產生了第三種方法。因此，在面對人際關係的挑戰之前，必須先做一系列的個人工作。

我想用臂力比賽做比喻，說明尋求並獲得第三種解決方法的思維方式和具體技巧。

我通常會在演講的時候請聽眾選一名「志願者」到前面來跟我比臂力。這名志願者需要十分強壯，身高超過一百九十公分。

當這個人被起鬨，真的走上前來以後，我會用一種傲慢的語氣告訴他：準備輸吧。我會吹噓自己在這方面的能力、技巧、力量，然後請他跟著我說：「我是個失敗者。」大部分人都會很合作的重複這句話。我會表現出刻薄的樣子，告訴面前這位身材魁梧的聽眾，這種比賽比的不是個頭，而是技巧，我有這種技巧，但他沒有。正如我的預料，聽眾的同情心都會轉向我的對手。

我們站好，準備開始比賽。然後，我會問選出這位聽眾的那些人，是否願意贊助這場比賽。也就是說，如果我的對手贏，他們就給他一美元；相反的，如果我贏，這一美元就歸我。聽眾通常都會同意這個提議。我再請一個人為我們計時一分鐘，並計算兩人的勝負次數，再讓大家根據統計結果付錢。

當計時的人宣布比賽開始，我立刻放鬆，對手不費力氣就可以把我拉倒。通常我的對手會十分吃驚，困惑不解，因為我完全沒有反抗。同樣的情況可能會重複三、四次。這時候，他通常會開始內疚，好像這麼做很不公平。

這時候我會直接告訴他：「如果你想讓自己好受一點，最好的辦法就是讓我們兩個贏的次數差不多。」我的對手通常會對這個提議感興趣，但是因為最一開始，我曾以言語攻擊過他，所以他不知道是不是應該相信我。

他會想，也許我只是嘴上這麼說，心裡卻想要操縱他然後得到什麼好處。但是當我繼續毫不抵抗，他的良知通常就會促使他接受我的提議，認為如果我們兩人都贏的話，就能贏得更多。儘管會有一點不情願、內心有一點掙扎，但是我的對手通常都會讓我贏一次。

然後我同樣不反抗，這樣又過了幾秒鐘，他也會開始不做任何反抗的讓我贏，角力變成我們兩個人之間不費力氣的遊戲。接著，我會說：「我們為什麼不加快速度，提高效率呢？」然後我們只前後移動手腕，於是比賽的速度快上五倍；我們還會雙手並用，讓輸贏的次數又增加一倍。最後我說：「好了，現在我們到下注的人面前這麼做，讓他們看得更清楚，好數錢給我們。」這時候，全場會哄堂大笑，大家都明白我在做什麼了。

只需要一個人這麼想

我向聽眾解釋這種雙贏的思維模式，是基於相互尊重和互惠的原則。在比賽剛開始的時候，我假裝比對手更強壯、更好、更具有攻擊性，讓他有一種輸贏的思維模式，但是我實際上用行動表達了想要雙贏的意圖。

我會在行動中尋求他的利益，自己不做任何反抗。一旦他的態度也變得謙卑、開放或心懷愧疚，他就會接受我的提議，而合作贏得更多。

很多人都認為，想達到這樣的結果，雙方都必須具有雙贏的思維模式。實際上並非如此，只要有一方這麼想就可以了。大部分的人還認為對方必須配合才行，但是創造第三種解決方法的創造性合作，是當你們開始同心協力的時候才出現的。所以一開始，一方必須先以同理心尋求對方的利益，並且堅持這麼做，直到對方產生信任感為止。

實際上，要做到這一點，首先需要獲得個人的勝利，只有當你在個人的層次取得勝利之後，才能獲得內在的安全感，這樣你就不會太過在意別人對你的意見，才能採取開放的態度接受別人的影響，並更具彈性。你不知道最後的結果會是什麼，而同時你又有能力去探索；你知道最後的結果一定會比開始的時候要好。

尋求第三種解決方法的技巧

溝通無疑是生活中最重要的技巧。溝通有四種最基本的模式：聽、說、讀、寫。除了睡眠時間之外，大部分的人會將三分之二或四分之三的時間用在這四件事情上面。在這四個模式中，又有百分之四十到五十的時間用於傾聽，但其實這是我們接受訓練最少的一個領域。

大部分的人都認為自己知道怎樣聽別人說話，因為他們每天都在做這件事情。但

傾聽的連續性

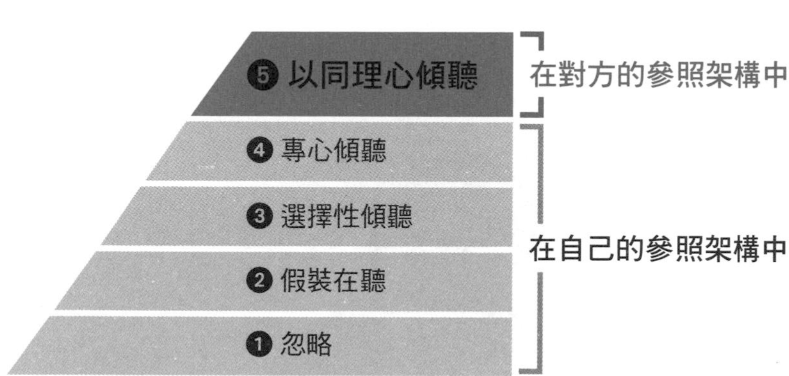

是實際上他們只是在自己的參照架構（frame of reference）內聽別人說話。上圖，你能看到傾聽的五個階段：忽略、假裝在聽、選擇性傾聽、專心傾聽和以同理心傾聽。只有在最高階段的以同理心傾聽，聽者才能夠做到把自己放在對方的參照架構內傾聽。

真正的傾聽意謂著你要超越自己的世界，走出自己的參照架構、價值觀、個人歷史和判斷傾向，深入對方的參照架構或者世界觀。這是一種十分難得的技巧，但又不僅是技巧。

如果你想了解溝通技巧的重要性，請你先找一個人一起完成這個小實驗。

首先，請你自己快速看一下第二〇〇頁的圖，然後讓另外一個人看第二〇一頁的圖（你自己不要看，連瞄一眼都不要，這很重要）。最後你們兩個人一起看第二〇二頁的圖。然後回答下列問題：

吹薩克斯風的人

年輕女子

你看到了什麼？

一、在最後一張圖中，你們兩個看到了什麼？

二、是一個年輕的女子，還是一個正在吹薩克斯風的人？

三、你們兩個人誰說得對？

和對方討論，了解他看到什麼；認真聽他說，試著看到他所看到的。明白對方的觀點之後，再把自己的觀點解釋清楚，幫助他了解你所看到的東西。

是什麼造成你們彼此之間的認知差異？

我演講的時候也會和觀眾一起進行這個小實驗。我會讓一半觀眾先用一秒鐘看畫著年輕女子的圖，然後再讓另外一半觀眾看畫著正在吹薩克斯風的人的圖。最後大家一起看第三張畫，這個時候，幾乎沒有什麼例外，一半觀眾會認為圖上是一個年輕女子，另外一半則認為是一個正在吹薩克斯風的人。雖然他們看到的是同一張圖，但是得出了完全不同的兩種結論。

這場活動讓所有參與者留下深刻的印象，明明所有人都看著同一種東西，但是看到的卻都不一樣。所以我會讓大家跟觀點不同的人交談，一旦他們也能用對方的眼光去看圖，就會驚呼：「原來如此！」很快的，整個演講大廳內到處都是此起彼落的驚呼聲。

不過。我也見過有人為了圖畫真正的內容到底是什麼，爭得面紅耳赤；他們就是不明白，為什麼別人看不到對自己來說十分明顯的事實，甚至因此十分沮喪。他們會奮力保衛自己的觀點，認為那是唯一正確的解讀方法。相反的，有些人會引導對方，鼓勵他們，當對方終於看到另外一個解讀時，由衷的感到高興。

透過上述的實驗，可以了解溝通的四個重點：

一、如果你想理解別人的視角，以及他為什麼會從這個角度認識世界的話，態度一定要誠懇、開放，要認真傾聽別人的話，這些就是尋求第三種解決方法的基礎。

二、在獲得一個新的資訊之前，過去的經驗會影響你的接受度。如果一秒鐘就能將一個演講大廳裡的人分成兩個陣營的話，想像一下，一生的經歷又將造成多大的影響。

人們看到的可能都是同樣的事實，但是他們會透過個人的經驗加上不同的解釋。人們總是會創造出意義，並以自己對世界的認識產生行為。你一定要記住，我們所認識的世界並不是世界本來的面目，而是我們眼中的世界而已。在開始認識周圍事物之前，我們已經形成了某種思維模式。因此，想要相互理解，首先要做的就是溝通。

三、由於對同一個事物有很多種解釋方法，因此，我們所面臨的挑戰，是要能準確、忠實的綜合各種不同的認知，同時保持對原有事物的認識。如果不同的人對事物有不同的認識，誰才是正確的？你和另一半爭執的時候，誰是對的？當你和孩子意見相左時，誰是對的？一旦你有了身分上的權力，你就會認定只有一個答案是正確的；你的自我愈強烈，你就會愈固執己見，思考也就愈僵化。

四、因為人們對詞語有不同的解釋，當人們無法順利溝通時，大多是語義上的差異引起的，而同理心能夠即時消除這種歧義。因為當你真正為了理解別人而認真傾聽時，就會把語言看做是意義的象徵。溝通最關鍵的是要理解意思，不是為了一個符號而爭執。

現在再來討論剛才的實驗。如果你確信自己所看到的絕對正確，別人不管說什麼都是錯誤的，將會產生什麼後果？不管對方如何解釋這張圖有什麼別的內容，都將引起一場爭論。爭論的雙方都會投入情感，在這種受情緒影響的情況下，你們根本就沒有辦法接受對方的任何解釋，無法看到事物的整體。

現在，如果在情緒的影響之外再加上一個職權的因素——如果一個領導人單方面決定如何應對組織的重大挑戰，然後向全公司宣布決定，這會產生什麼樣的後果？這些高層領導者會滔滔不絕的談論自己的想法，沉默的聽眾則會痛恨這種處理方式，而形成「坐等吩咐」這種觀望的消極態度，任何不同意見都會被否定忽視。

印第安發言棒

我曾經培訓過美國和加拿大印第安團體的首領，培訓結束後，他們送給我一件很漂亮的禮物。那是一個雕刻精緻的發言棒，長五英尺，上面還雕刻著「禿鷹」兩個字。

幾個世紀以來，發言棒在美國政府扮演十分重要的角色，實際上，這是我所見過最有效的溝通工具，因為它雖然是有形的實體，卻代表了合作精神的概念。這個發言棒說明了不同的人，能夠透過彼此尊重而互相理解，並合作解決雙方的差異和面臨的問題，至少能夠達成和解。

當人們開會討論的時候，發言棒就會被拿出來，只有握住發言棒的人才有權利說話。一旦拿到發言棒，你就可以單獨發言，一直說到你認為大家都理解你的話為止。在此期間，不允許爭論，不允許表達贊同還是不贊同。他們只能努力理解你所說的話，然後大聲說出自己的理解。

一旦你認為別人都理解你的觀點了，就有義務將發言棒交給下一個人，然後做一個好聽眾。當別人發言的時候，你需要認真聽、重複他的觀點、以同理心了解，直到對方認為你完全理解為止。

用這種方式，所有人都有責任促成發言者和聽眾之間百分之百的交流。一旦所有人都認為大家理解了自己的觀點，通常會發生很神奇的事情——負面的情緒消失了，敵對的狀況不復見，相互之間的尊重增加，人們會變得更有創造性，進而產生很多新觀點和解決問題的方法。

理解別人並不意謂贊同他的觀點。它只是表示你能夠用另外一個人的角度、心靈、頭腦和靈魂看這個世界。被別人理解，是人性深層的需求；一旦這個需求得到滿足，人們就可以集中精力去解決那些需要合作解決的問題。相反的，如果這種迫切的需要得不到滿足，就會出現自我保護式、防衛式的溝通，甚至還會出現鬥爭和暴力。

這種談話過程，其實在現實中不需要發言棒也做得到，只是沒有明顯的標誌來區分發言人和聽眾；但是兩者所涉及的原則都一樣，都需要發言人有勇氣，而聽眾則以同理心傾聽。你可以用任何物品代替發言棒，賦予發言人權利，當他覺得大家都理解他的觀點以後，就可以傳給下一個人。否則，他有權利不放手。

下次，當你參加一個會議，感覺大家都各自為政的時候，就可以採用這種發言棒的技巧，或向大家解釋這種做法的概念、原則。

你只要這樣說：「我們今天要討論一系列重要的問題，大家都會有自己的意見，為了便於溝通，我建議每一個人在發言之前，都先重複前一位發言人的觀點，得到他的認可後，才可以發表自己的見解。」

也許很多人會質疑這個建議，因為乍聽之下好像沒什麼意思，甚至很孩子氣，也缺乏效率。但是我可以向你保證，事實正好相反。這樣的溝通方式需要極強的自制力和成熟度，即使一開始的時候顯得缺乏效率，最終還是能夠產生高效率。

印第安發言棒的溝通模式中還有一個關鍵，就是其他人的沉默。在聽別人發言的時候，安靜、沉默都是必須的。關於這種沉默的力量，《僕人領導學》（*Sercant Leadership*）的作者格林里夫（Robert K. Greenleaf）曾經說過：「一個人不應該害怕沉默，有些人認為沉默會讓人覺得尷尬和壓抑。但是，要建立良好的對話，適當的沉默是必要的。有時候，你需要問自己一個很難回答的問題：說出自己的真正想法，會比沉默好嗎？」

尋求第三種解決方法的步驟

要尋求第三種解決方法，主要有兩個步驟。實際上，透過這兩個步驟進行的尋找過程，有助於產生信任（道德權威），而信任又會反過來鼓勵這種尋找行為。

有一點十分重要，那就是這兩個步驟並不總是按照這樣的順序進行。有時候你會很自然的開始互動，真誠聆聽對方的觀點和解決問題的方法，然後再請對方聽你說，這樣你就可以看出他是否像你一樣認真傾聽，是否也想尋找第三種解決問題的方法。

有的時候你會發現自己重複採用這兩個步驟，因為所有情況都不同、所有人際關係都是獨特的。使用這兩個步驟需要有好的判斷力、自覺、自我控制能力及沉著冷靜。

過去幾年，我在這個領域最具挑戰也最愉快的經驗，就是透過上述兩個步驟尋找能產生統合綜效的第三種解決方法，調停情緒對立的兩個團體。

為真實自然的呈現我們公司倡導的合作，以產生統合綜效的經驗，我決定拍攝我的演講實況。我選擇了一個能夠引起熱烈反應的話題：環境，然後邀請觀眾中的兩位到前面來。其中一個是強壯、自信、充滿激情的環保主義者；另外一個是同樣強壯、自信和充滿激情的商人，他的生意主要是將自然資源用於經濟上。

這位環保主義者在走向台前時，已經開始攻擊商人：「就是你們弄糟了我們的空氣、水源和孩子們的將來。」商人低頭看著她的鞋子，反擊道：「鞋子不錯，是皮的嗎？」她低頭看了看自己的鞋子，然後看著他：「這有什麼關係嗎？」「我只是在想你殺了哪種動物。」「我沒有殺死動物！」他諷刺的說：「是嗎？那你是讓別人替你去殺那些動物的囉？」兩個人就是這樣開始「溝通」的。

四十五分鐘之後，他們採取了那兩個步驟，開始口徑一致的討論起，團體和政府部門應該採取的持續性發展政策。全部觀眾都看呆了。

針對第一個步驟，我向他們兩人提問：你是否願意尋求，一種比你們兩個人的方法更好的解決方案？這兩個人都說：「同意，可是我不知道那是什麼。」「我用了好幾年的時間思考這個問題，我絕對相信……」

然後我說：「這就對了，沒有人知道那是什麼樣的途徑和方法；那是需要大家一起努力創造出來的。現在的問題是，你們是否願意尋求這種解決問題的方法？」

達到統合綜效的兩個步驟

——尋求第三種解決方法

● 你是否願意尋求一種比個人提出的方法更好的解決方法？

● 你是否同意遵守一個基本的行為準則：首先覆述對方的意見，並且得到他的認可，認為你真正了解他的想法，否則就沒有發言權。

他們通常都會回答：「我是不會妥協的。」

我會說：「你們當然不用妥協，協作精神並不是妥協，而是更好的方法，你們都必須了解這一點，而且確定對方也知道這一點。」

「我不知道這樣我們會走向哪裡。」

「現在我們來看第二個步驟。你首先要複述對方的意見，並且得到對方的認可，確定你真正理解他的意思，否則就沒有發言權。」對於那些總是無休止的為一個觀點辯論的人來說，要他們傾聽對方的意見，並且複述到對方滿意為止，絕對是個巨大的挑戰。

我有一次在大學裡也這樣做，當時提出的議題是墮胎。我選了兩個人上講台，一個反墮胎，一個支持墮胎，他們都認為自己的觀點在道德上是正確的。

我在所有聽眾面前指導這兩個水火不容的人使用上述兩個步驟，經過大約四十分鐘的漫長過程之後，他們開始探討如何預防、規範收養制度和進行教育。全體觀眾都感到不可置信，兩位參與者也熱淚盈眶。

我問他們為什麼這麼激動，他們說這與討論的話題完全無關，而是對過去的所作所為深感羞愧。從前他們會譴責所有與自己意見不同的人，進行價值判斷、產生成見，甚至將對方妖魔化。但是現在認真傾聽了對方的見解之後，他們深切的認識到：「這是一個好人，我喜歡他、尊敬他。雖然我不贊成他的觀點，但是我願意傾聽，我是開放的。」

看到人們敞開心胸，接受一個更高層次、能產生統合綜效的第三種解決方法，是一個令人感動的經驗。

有時候最關鍵的不是要解決的那個問題，而是雙方關係的品質、理解的深度，或動機的改變。我記得有位同事和我分享他父母的一個故事。

我父親是個有三十年經歷的優秀牙醫，有一天他被診斷出患有某種罕見疾病，和癌症一樣是不治之症。醫師認為他只能再活六個月。因為疾病的影響，他必須放棄工作。就這樣，這個往常十分活躍的人整天無所事事，只能想著自己無藥可救的絕症。

他決定不能再這樣下去，於是打算在後院建造一個溫室，種自己喜歡的植物。這個簡易溫室，頂棚是波紋塑膠板，四周是黑色塑膠板。我母親可不想在自己的後花園有這麼一個難看的東西，她說如果被鄰居看到了，她情願去死。這成為我父母之間一個碰不得的話題，因為一談到這個問題，他們就無法保持最起碼的禮貌。我認為他們當時把對疾病的憤怒都發洩到這個問題上了。

有一天，母親告訴我，她想要認真嘗試理解我父親的想法。她想解決這個問題，好讓他們兩個人都開心一點。她情願自己四季常青的花園裡種滿牽牛花，也不想要有一個溫室；但是，她同時也希望我父親開心，並且仍然具有創造力。她決定讓步，因為父親的幸福對她來說，遠比後院或鄰居重要得多。

最後，那個溫室讓我父親比醫師說的日期多活了兩年半。在夜晚，當他因為化療的影響而無法入睡時，他就會去查看植物。每天清晨，他都有早起的理由，因為他要澆花。在他身體狀況一天不如一天的時候，這個溫室讓他的心靈有了新的寄託。我至今還記得我母親說過，這是她這一生中做過的最明智的一件事。

有趣的是，這個統合綜效的結果並沒有產生第三種解決方案，它產生的只是帶來第三種解決方案的態度。第一個選擇是不要溫室，第二個選擇是很不情願的讓丈夫建造溫室，第三個選擇則是真正理解他，並且從他擁有溫室的滿足感中，感受到自己的快樂和愛意。這就是統合綜效的運作方式。

旁觀者或許會認為這就是妥協，但是如果你有機會和這位母親交談，她一定會否認這是妥協，因為丈夫的幸福和快樂讓她有成就感，這種態度上的統合綜效表現出來的是一種成熟的愛。

大部分人與人之間的交易都是以妥協、你輸我贏或者你贏我輸，這幾種結果告終的。雖然第三種解決途徑，可能只是在實質上、精神上取得了相互的尊重和理解，而沒有達成另外任何的協定，但無論如何這都是一種根本性的轉變。人們的頭腦和心靈變得更開放，他們學習並且傾聽，用一種全新的方式看待問題。下圖說明了交易性解決方案和轉變性解決方案的區別。

我認為，大部分的紛爭都可以透過第三種解決方法事先預防及解決。訴諸法律，應該被當做最後一個辦法，而不是首先應該想到的辦法。熱中於打官司的文化對社會來說是不健康的，會破壞信任，成為負面榜樣，而且最多也只能以妥協方式來解決問題。

建立互補型團隊

尋求第三種解決方法，其實就是以身作則先開放自己的心胸，這對建立互補型團隊也同樣重要。這種以身作則的方式最應該在管理團隊裡發揮，因為高階主管擁有職務權威，他們比其他任何人都需要表現道德權威；而這種溝通方式就包含著道德權威。

以第三種解決方法的溝通方式，建立互補型團隊，適用於任何一個層級。那些在基層獲得的現實成果，能夠改變高層人士的看法。這又一次證明了領導，不論是個人層次的領導還是團隊領導，都是一種選擇，而不是一個職位。

你應該從自己所在的團隊、部門內，每個人都進行開誠布公的溝通開始，然後進行團隊之間和部門之間開放的交流。

解決方案

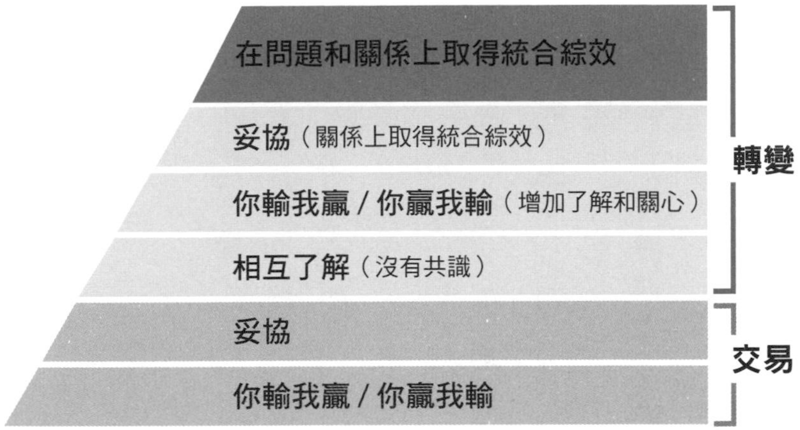

層次	類別
在問題和關係上取得統合綜效	轉變
妥協（關係上取得統合綜效）	轉變
你輸我贏／你贏我輸（增加了解和關心）	轉變
相互了解（沒有共識）	轉變
妥協	交易
你輸我贏／你贏我輸	交易

當你試著尋求第三種解決方法的時候，人們就會逐漸互相了解、互相喜歡，變得更開放、真誠和真摯。人們之間會增進相互尊重，努力尋求對方的優勢與長處，並且主動彌補對方的不足，使對方更具有創造力。這就像一個樂隊演奏出更和諧的樂曲，或者一支球隊能夠合作創造好成績一樣。

問題與解答

一、一個組織的生命週期有多重要？如果它們最終都會衰落並且消失，有沒有第三種解決這個問題的方法？

我認為導致一個組織衰落、產生問題及滅亡的因素有四個：

第一個發生在思想階段，也就是好的想

法會被負面的力量、自我懷疑和恐懼所扼殺。

第二個發生在生產階段，也就是說好的想法無法完全實現，這也是大部分新公司失敗的原因。資料顯示，有百分之九十的新公司會在兩年之內消失，因為在好點子和具體實行之間有巨大的差距。

第三個發生在管理階段。具有可預測性的生產應該被制度化，才能複製企業的成功經驗。但是生產者不是想自己控制所有的事情，就是想複製更多的自己，而不是建立正式體系管制工作，財務方面尤其如此。

第四個發生在改變階段，當公司需要變革，以適應新的市場條件、機會的時候，它本身的官僚體系、僵化的規定和條例往往無法適應、無法滿足以及預測目標客戶的需求。

好的管理團隊，應該由符合上述四個需求的優秀人才組成。最重要的是，有一種相互尊重的風氣，每一個成員的優勢才能發揮出來；每一個人的不足，才能因為其他人優點的彌補而不具傷害性。你需要一個企業家（出點子的人）、一個生產者、一個管理者及一個建設團隊的領導者，最後這個人，將幫助整個團隊樹立相互尊重的行為規範，創建一個互補型的團隊，讓這個團隊具有重新複製自己的能力，讓它能夠進入新的生命週期。

二、進行合併和收購時，怎麼將來自不同公司、不同企業文化的人團結起來？在一個

全球公司裡，有什麼神奇的第三種解決方法，能提升凝聚力？

很多合併和收購的最後結果都不理想，其中一個主要原因就是人們太過急進。合併和收購就好像是將不同的DNA合併在一起，也像因為再婚所組合成的混合家庭（blended family），需要時間、恆心、耐心和良好的溝通，來尋求第三種解決問題的方法。

同時你一定要記住，當事情與人和文化有關時，快就是慢，慢就是快。對於人來說，效率和速度是無法產生作用的。想要尋求第三種解決方法，你就必須在開誠布公、相互尊重的基礎上，就價值差異進行充分溝通。這通常需要有正式的領導。

我有一次去加拿大一家大公司做顧問，內部有十分成熟、充分授權的企業文化。這個總部設在美國的公司，在很多國家都設立了業務機構，他們希望制定一些核心政策。但是其他國家的開發程度及成熟度都不如加拿大，因此加拿大的領導團隊問我，是否可以保持自己的獨立性和授權程度，而不遵守專為不成熟的企業文化所設計的政策？我很高興能幫助他們。當美國總部認識到，加拿大公司成熟的企業文化更具有創造力，他們就將它列為模範，當做其他公司學習的榜樣。

這個例子所呈現的關鍵就是，不要將人為的依賴關係強加給被合併的機構。這應該是一個自然而然的過程，需要透過相互了解和信任來達成，然後他們才能具有創造力。在此之前，最好還是讓它們獨立一點。

11

同心協力——探求共同願景、價值觀和策略

有一天，愛麗絲走到十字路口，看見樹上有一隻咧嘴而笑的柴郡貓。「我該走哪條路？」她問。貓反問：「你想去哪裡？」愛麗絲回答：「我不知道。」「那麼，」貓說：「走哪條路都無所謂。」

——《愛麗斯夢遊仙境》

養成第八個習慣是由內而外造就自我的過程。和其他任何習慣一樣，第八個習慣是態度、技巧和知識三者的混合。

我們已經討論過主動發揮尾舵作用的態度，也討論過贏得信任和尋求第三種選擇的技巧問題。領導者的四種角色即是領導和發揮影響力的第三種選擇。

領導人要發揮影響力，要樹立威信，使人們信任你。但是，他們還需要一個典範，讓他們知道可以如何使用不同的方式工作和領導——不同於他們慣用的方法，不同於組織的文化，不同於工業時代控制式、交易式的傳統。最重要的典範作用是，讓其他人看到一個發現自己內在聲音的人，如何在領導者的另外三個角色上有所表現。

本章將探討，領導人如何團結那些實力和世界觀都不同的員工，同心協力面對挑戰。首先，探討的是領導人如何探索方向。

探索方向時的第一個選擇，是向團隊或組織成員宣布願景、價值觀和策略，但沒有讓他們真正參與。

第二種選擇是員工參與過多，因為過度的分析和開會審議，而使工作陷入動彈不得的局面。

第三種選擇是領導者在制定願景、任務和策略的過程中，不僅讓員工適度參與，還能建立一種牢固的信任關係，使認同感的力量等同於參與的力量。

追求卓越的地圖

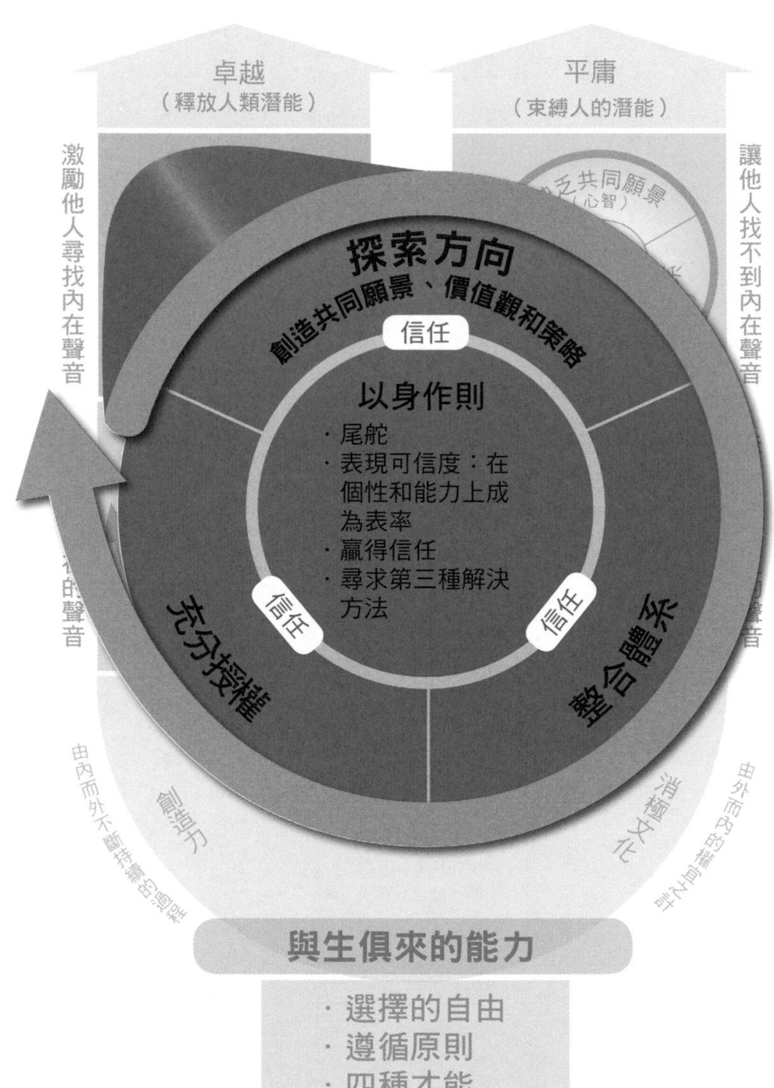

與生俱來的能力

- 選擇的自由
- 遵循原則
- 四種才能

請允許我對第三種選擇加以說明。

我常常去麗池卡登（Ritz-Carlton）飯店，長期以來，一直對它無可挑剔的服務水準感到訝異。當我與前飯店總裁舒爾茲（Horst Schulze）熟識之後，我對他們如何建立卓越的文化有了更深的了解。在舒爾茲的指導下，麗池卡登飯店兩次榮獲服務行業的美國國家品質獎。

我問他：「你如何定義領導？」他回答說：

> 領導就是創造一種氛圍，讓每個員工都想成為組織的一部分，而不僅是為這個組織效力。領導人可以創造一種環境，使人們願意而非不得不為組織效力。
>
> 我必須確定目標，而不只是工作。做為一個企業家，我必須創造這樣一個環境，讓人們感覺自己是其中一部分，有成就感而且有目標，真誠的獻出自己的才智。我發現最讓員工感到滿足的，也是這一點。
>
> 如果員工只是在履行職責，你就會把他們當成物，就像你坐的一把椅子。我認為領導者沒有這麼做的權利，誰都不想被看做無足輕重的東西。
>
> 每個人在特定的領域裡都是知識工作者，毫無疑問的，一個洗碗工對於清潔餐具的知識比我多。因此，洗碗工可以對改善飯店環境、工作條件、提高生產力、減少打碎碗盤等

出力獻策。他們可以在自己的工作領域裡貢獻才智。

我十六歲時，提著小行李箱，母親帶我來到這家飯店當學徒。這裡的客人都是社會名流，我自覺低他們一等。但是我認識了一位七十歲的了不起的前輩，並且跟著他學習。他非常出色，受到大家的敬重。我從他身上發現，如果你表現出色，那你就像那些貴賓一樣重要。我認識到，如果我踏踏實實做事，不管大事小事，我都會是很重要的。

事實上，這個想法後來變成了麗池卡登的座右銘：「我們是為女士先生們服務的女士和先生們。」

過去二十年，我們在五百萬人中進行調查，試圖去了解高效能領導人的特點和能力。我們有一個重要的發現：管理者通常在職業道德（以身作則）方面得分很高，但在提供工作重點和發展方向（探索方向）的能力方面得分偏低。

結果，員工既不確定工作重點，也不會為此負責，組織就無法落實工作重點。即使人們比以往更努力工作，但是由於缺乏明確的目標和願景，還是無法取得很大的成功。事實上，他們是在用盡全力「推」繩子而不是「拉」繩子。

領導者的個人願景可以轉變成組織的方向。但是，領導者個人預見的事物固然重要，更關鍵的應該是，確立全體員工對重要事物的共同觀點。思考以下兩個可以向員工提出的問題：

一、你清楚了解組織的目標嗎？

二、你對組織忠誠奉獻嗎？

要幫助人們清楚了解組織的重要目標，並使他們為之奮鬥，需要讓他們參與決策，一起決定組織的發展目標（願景和任務）。如此，每個人在實現目標的道路上，都能擁有自主權（價值觀和策略計畫）。

認清客觀現實

決定什麼對組織或團隊最重要時，你需要認真處理客觀的現實，再開始做決策，制定出包含共同願景和價值觀的策略計畫。談到這一點，哈佛商學院教授克里斯汀生（Clayton Christensen）認為：

> 每個行業裡的每個公司，都是在某些組織自然法則下推動運轉的。這些力量的影響非常大，可以決定公司能做什麼、不能做什麼。管理者面對突破性技術時，如果違反自然法則，就無法成功。

就像古人在胳臂上綁紮羽毛當翅膀，用力揮臂展翅試圖飛翔，但當他們從高處跳下後都失敗了。儘管他們有美好的夢想也很努力，但違背了自然規律。

沒有人強大到足以在這種鬥爭中勝利。只有在人們逐漸了解相關的自然規律和世界運行的法則之後，飛行才變得可能。相關運行法則包括萬有引力定律、伯努利定理以及升力、拉力和阻力的概念。人們設計飛行系統時，認識並控制、利用這些規律和定理的力量，而不是與這些規律和法則抗爭；最後，他們終於能夠飛得又高又遠，而在以前這是無法想像的事情。

在你完全理解並探索方向前，必須掌握四個現實問題——市場狀況、核心競爭力、利益關係人的期望與所需，以及價值觀。

市場狀況：你的組織或團隊成員如何了解市場？政治、經濟和技術的大環境如何？你的組織有什麼競爭力？這個行業的發展趨勢和特點為何？可能使整個行業或基本傳統變得過時的突破性技術和商業模式是什麼？

核心競爭力：你獨有的強項是什麼？柯林斯在《A到A⁺》一書中，畫出三個互相交疊的圓，分別代表你的強項。他把這稱作「刺蝟概念」。這三個圓等同於三個問題：第一、你真正的專長是什麼？第二、你對什麼事充滿熱情？第三、人們會為了什麼掏腰包？換

發現自己的核心競爭力

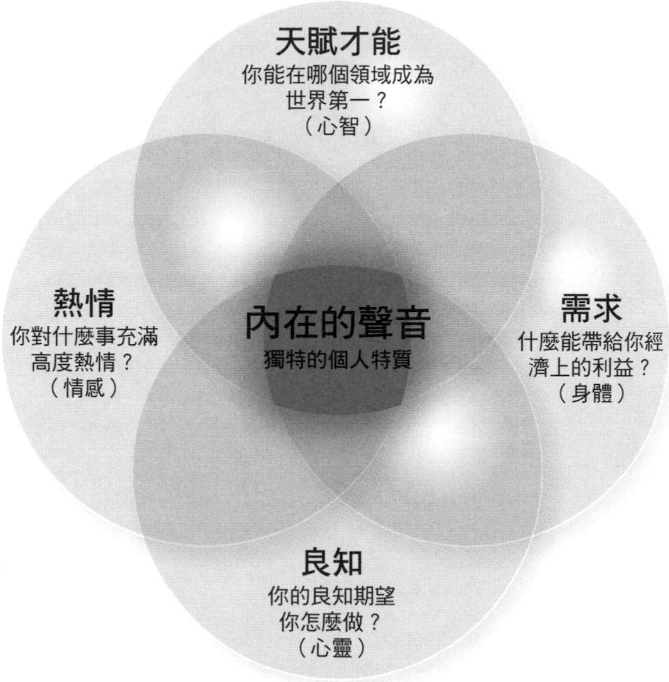

天賦才能
你能在哪個領域成為
世界第一？
（心智）

熱情
你對什麼事充滿
高度熱情？
（情感）

內在的聲音
獨特的個人特質

需求
什麼能帶給你經
濟上的利益？
（身體）

良知
你的良知期望
你怎麼做？
（心靈）

句話說，人們的需求是什麼？滿足人們的需求能推動公司的經濟發展。三個圓交疊的部分，呈現出價值觀的基礎。

我們再增加一個問題：你的良知期望你怎麼做？我們用分析一個全人的方法來看看這個問題，在四個方面交疊的部分就會找到你內在的聲音，這個方法也適用於組織尋找自己的願景。

利益關係人的期望與所需：想著所有不同的利益關係人，尤其是目標客戶。他們真正的需要是什麼？他們的問題和憂慮是什麼？公司股東、為公司提供資金或納稅的人，他們的希望和需求是什麼？合夥人、員工和夥伴的希望和需求是什麼？供應商、批發商和商家——整個供應鏈的期望和需求是什麼？社會和自然環境的狀況為何？

價值觀：你的價值觀是什麼？組織的核心目標是什麼？實現目標的中心策略是什麼？為指導方針服務的價值觀是什麼？在緊張和壓力的不同情況之下，如何使價值觀得到優先考量？

確定目標之前，你必須先釐清這些問題，才能讓公司有競爭力、願景、熱情及良知。

探索方向是領導人所有任務中最難的，因為你要與形形色色的人打交道，他們有各式各樣的打算，對現實有不同的看法，有不同的可信度和自尊心。如果人們無法信任領導人或領導團隊的方向，這個方向就得不到認可，員工也很難真正參與。

實現共同的願景和價值觀

人們常用「翻到書本或歌譜的同一頁」，來描繪實現共同願景和價值觀時的景況。這是一個非常好的比喻，因為它顯示出，員工對組織的願景、價值觀和策略計畫中什麼是關鍵問題有一致看法。也因此，當大家齊聲演唱時，樂音就是和諧悅耳的。

分享是一個有趣的詞彙。當我與你分享時，就表示我給你我自己擁有的東西。如果你認同我、信任我，那麼我可能與你分享我的願景。即便你已經有了想法，還是願意接受我的，因為實際上你更相信我的經驗。相反的，如果你覺得自己有能力而且急於參與行動，而我只是讓你共用我的計畫，或宣布「我」的計畫為「我們」的計畫，那麼你就不會投入感情。你會覺得使命和價值都是我強加給你的，我們就不會「翻到同一頁歌譜」。

簡言之，組織的使命宣言和策略計畫是一回事，每個人都齊心協力是同樣重要的另一回事。在探索方向的過程中，領導者以身作則的角色極為重要，否則，員工就無法協調一致，之後的所有事情也容易有問題。如果競爭還不算激烈，組織可能得以生存下去；但是，如果與你們競爭的組織，內部是團結合作的，而且具備世界一流水準時，你的組織就會被淘汰。

探索方向之於一個組織或團隊的重要性，就像以身作則之於個人。它決定一個企業、團隊或家庭的重點目標。透過一個互相交流的過程，你可以制定出一份書面的使命宣言和策略計畫，讓每一個人認清願景，共同決定工作的重點。

策略計畫可以簡明扼要的描述，你將如何提供顧客和利益關係人好處，這是你的價值主張、焦點目標，是這個組織「內在的聲音」。在制定策略計畫的過程中，你需要清楚顧客和利益關係人是誰，你又希望他們是誰，你提供的服務或商品是什麼。

充分授權的使命宣言

根據我的經驗，充分授權的使命宣言通常在下列情況下才能發生：一、在一個高度信任的環境裡；二、有足夠了解情況的人；三、自由交流和相互合作。事實上，在這種條件下制定出的使命宣言，絕大多數都會包含相同的基本信念和價值觀。用詞或許不同，但是它們通常都觸及人的四個層面——身體、心智、情感、心靈。

記住，只有那些認知到自身四個層面的需要和動機的人，才會找到自己的內在聲音，並做出最大的貢獻。對身體來說，需要和動機就是生存、經濟富足；對心智來說，是成長與發展；對情感來說，是關愛和人際關係；對心靈來說，是意義、完善和貢獻。

組織也有同樣的四個需要：

一、生存——財政穩定（身體）。

二、成長與發展——經濟成長、顧客增加、產品和服務創新、提高專業和制度上的競爭力（心智）。

三、關係——加強協同性，加強對外網絡和合作關係、團隊精神、信任感、重視差別（情感）。

四、意義、完整和貢獻——服務所有利益關係人，並鼓舞他們有傑出的表現（心靈）。

激發工作力量的關鍵，就是把個人的四個需要與組織的四個需要重疊，以發掘組織的使命、願景和價值觀。你所在的組織、部門、團隊或家庭的使命宣言，不會只體現普遍性使命宣言的精神，而且還會體現你的獨特性——你獨特的才華、能力、利基，也就是你的內在聲音。

此外，在制定使命宣言時，尤其必須兼顧使命與利潤的平衡。

我總是受到使命感和目的的驅使，但是，成立了自己的公司後不久，我不得不認清客觀現實：沒有利潤，就無法完成使命。換句話說，除非公司不斷獲利，否則最終會失去完成使命的機會。

相反的，大多數公司都過分重視獲利和報表上的數字，以致於忽略最初激勵成員投入

組織必須兼顧使命與利潤

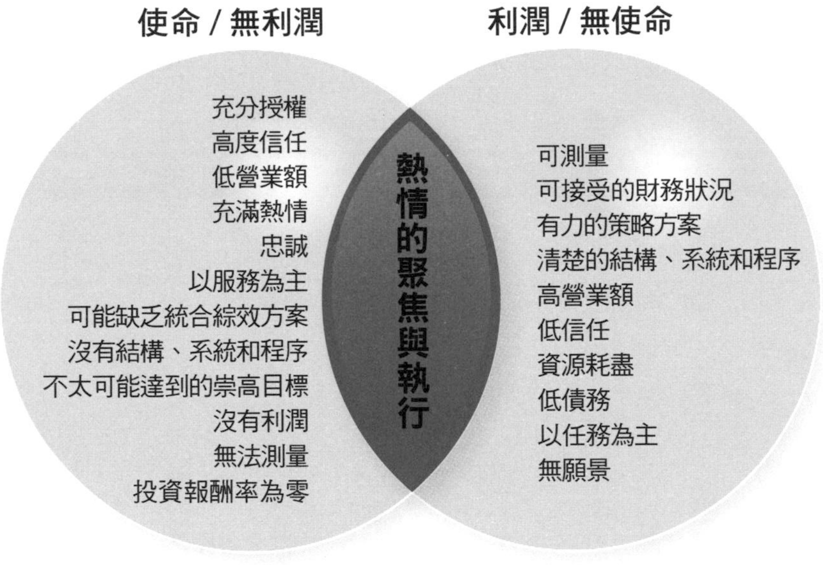

使命／無利潤

充分授權
高度信任
低營業額
充滿熱情
忠誠
以服務為主
可能缺乏統合綜效方案
沒有結構、系統和程序
不太可能達到的崇高目標
沒有利潤
無法測量
投資報酬率為零

熱情的聚焦與執行

利潤／無使命

可測量
可接受的財務狀況
有力的策略方案
清楚的結構、系統和程序
高營業額
低信任
資源耗盡
低債務
以任務為主
無願景

事業的願景。它們會忘記員工和他們的家人及組織賴以生存的社會，也會因此忽視所有利益關係人。

完成使命但沒有獲利和獲利但無法完成使命的組織，都會產生很多負面問題，這兩種狀況都不是可持續的，尤其是在當今的全球經濟形勢下。組織必須尋求利潤同時又要完成使命，實現兩者的平衡。

執行策略計畫

策略計畫始於客戶。從一種真正的意義上說，組織中只有兩個角色：客戶和供應商。不管在組織內外，每個人同時都扮演這兩個角色。這裡的每個人，意謂著在供應鏈中的所有利益關係人——提供資金的人、提供方案和勞動力的人，提供原物料的人、那些支援員工的家人，以及滋養這個供應鏈的社會和環境。

因此，事業成功取決於客戶與供應商之間的關係。每個人都像是供應商，向許多不同客戶出售的，不僅僅是商品和服務，還有解決問題的辦法。為了真正用一種不只是擺擺樣子的方式解決問題，你需要深刻理解這些不同利益關係人的需要，才能制定有意義的策略計畫。

價值觀是決策過程中要考慮的重點，因為以價值觀為基礎的原則不會改變。如果你的價值觀與不變的原則緊密聯繫，你就能固守核心。當客戶改變，策略也調整的時候，你才能避免變化所帶來的衝擊。

檢驗有效的使命宣言和策略計畫的試金石是：它們能夠與組織裡各個領域的人都有聯繫，使每個人都能在符合價值觀的前提下，說出他們如何為實現策略計畫貢獻力量。就像是有羅盤指引一樣，每個人都知道組織發展的方向，知道在推動組織朝著正確方向發展的過程中，自己該發揮什麼作用。

一旦組織上下一致同意使命宣言和策略計畫，就成功了一半，因為智力、情感和精神方面的創作已經完成，接著就是身體力行的具體創作，也就是實施策略——實實在在的動手去做，生產、協調、授權等。

這意謂著你需要確立組織結構，讓合適的人透過合適途徑並得到適當的支援，去承擔合適的工作，然後放手讓他們去做，在必要的情況下給予支援。

企業領導人會遇到的最大挑戰之一，是必須把企業願景從三萬英尺的高度，轉變成一線員工可以執行的工作。因為即使員工都參與了研究和制定使命宣言與策略計畫的過程，要實際落實也不是一件容易的事。如果在適當的時間安排適當的人去做適當的事情，企業的生產力會有很大的提升。

以原則為中心的組織核心

為什麼／誰
使命
（目標、願景、價值觀）

什麼
核心
熱情的聚焦與執行

如何／何時
視野
策略
（責任）

但這同時也是問題所在。組織的策略計畫常常是不切實際而含糊的，因此領導者無法將策略轉化成近期必須實現的幾個關鍵目標；或者，轉化成八個、十一個甚至十五個新的關鍵目標，重點太多，難以聚焦。

當工作重點太多時，事實上也就等於沒有重點。策略目標的數量應該不多、需要優先考慮、可以衡量，而且應該把它們公布在明顯可見的地方，也就是所謂的「記分板」（scoreboard），方便每個人明確知道重點目標和實現方法。

如果重點目標表達得很清楚，但員工卻沒有作主的感覺，可能是他們不認同策略，或者重點目標是重要程度不相上下的許多個，甚至是看不出需要完成的任務和企業願景之間有什麼關聯。如此，他們執行企業願景的能力就遭到破壞，團隊精神就會因為互不信任、背後誹謗、不完善的制度和程序，甚至太多的行動障礙而受到威脅。

如果員工有共同的使命感，知道行動的原因和誰該承擔什麼任務，並且充滿熱情、有實際的策略、持續關注他們的目標，也對組織的主要目標負責，那組織就會發出共同的內在聲音，並建立有效的文化。

問題與解答

一、你不斷的試圖區分原則和價值觀，對我來說，這兩個概念混淆不清，它們似乎是相同的。

會讓你混淆的根本原因是，完善的價值觀大部分確實是原則或自然規律。事實上，如果你讓足夠的人參與制定使命宣言，而且讓他們了解情況，在高度信任的氛圍下工作，坦誠交流，相互合作，你就會發現形成的共同價值觀，實際上是以原則為中心的。你還會發現，用這種方法形成的任何價值體系都是相似的，儘管用詞可能不同。

文化慣例會因為地域而不一樣，但是我多年來總結出的經驗是，不管哪種組織或組織內部的哪個層次，如果用這種方法產生共同的價值觀，它們基本上離不開我們自身的四個層面：身體、心智、情感和心靈，以及四種基本的需要：生活、學習、愛和發揮影響力。這既與個人有關也與組織有關。但是，如果是單方面制定然後向員工宣布的價值觀，就可能不是以原則為基礎的。畢竟，即使是罪犯也有價值觀。

二、是否有必要寫出書面的使命宣言，是否有必要離開辦公室好好進行策略計畫會議？

這要視情況而定。如果召開非工作現場會議，是組織傳達資訊的正規程序，那它可能是非常成功的。但是，如果它只是簡單的宣布使命宣言和策略計畫，就沒什麼意義。關鍵是，必須存在感情聯繫；否則，制定的準則不會被用於協調結構、體系、程序和文化。倉促制定、宣布的使命宣言很快會被忘記；它們沒什麼用處，只不過是公關報告。

請記住，如果你想獲得緊密的情感聯繫，那麼，過程本身一樣重要、有效。這既需要讓員工參與，又需要獲得員工的認可，換句話說，你對他人看法的信任，要高出他們自己對其看法的信任，這樣他們就會真正參與。

要有緊密的情感聯繫，還需要交流、回饋、公開和鼓勵參與。我曾經多次看到這樣奇妙的過程一再重複：一個兩、三人組成的小組先草擬架構，然後逐漸的透過回饋、分享和傾聽，變得愈來愈好，愈來愈深刻的反映多種利益，直到有了真正的文化聯繫。

三十二

執行

——整合體系和充分授權

12

整合體系——調整目標和系統以獲得成效

先控制住馬，才能策馬奔馳；先限制好流向，才能利用蒸氣的力量；先給尼加拉瓜瀑布之水決定好渠道，世人才得以欣賞它的壯麗；先做到自律、專注和持之以恆，生命才會變得偉大。

——美國牧師　福斯迪克（Harry Fosdick）

領導者在扮演協調的角色時，第一種選擇，是相信以身作則足以保證組織朝著良性健康的方向發展。

第二種選擇，是相信透過持續不斷的傳達願景和策略，能實現組織的目標，結構和系統不是最重要的。

第三種選擇是：一、用個人道德權威和組織的正式權威形成一些系統，使策略和原則形式化或制度化；二、設立一連串與共同願景、價值觀和策略重點一致的目標；三、根據你從市場得到的資訊整合系統，因為這些資訊讓你了解，員工對於市場需求的認知與傳達組織的價值是否成功。如果你重視合作，就獎勵合作而不是鼓勵競爭；如果你重視所有利益關係人，你就會定期蒐集他們的資訊，並用於整合體系。在哪方面付出，就會在哪方面收穫。

以身作則，會產生和激發信任感；探索方向，會產生共同願景和工作條理。但是，問題的關鍵是：我們如何不斷落實價值觀和策略，而不須一直依賴領導人的指導？答案就是整合體系——設計和落實一些強化核心價值觀和最高策略的體制。

當員工在與組織推崇的價值觀不一致的體系工作時，不可信賴的系統總是占上風。這樣的結果很難讓員工對組織產生信任感。而且，透過傳統和文化，這些系統和程序牢牢的扎根於組織，比個人的不良行為更難改變。

通往卓越的地圖

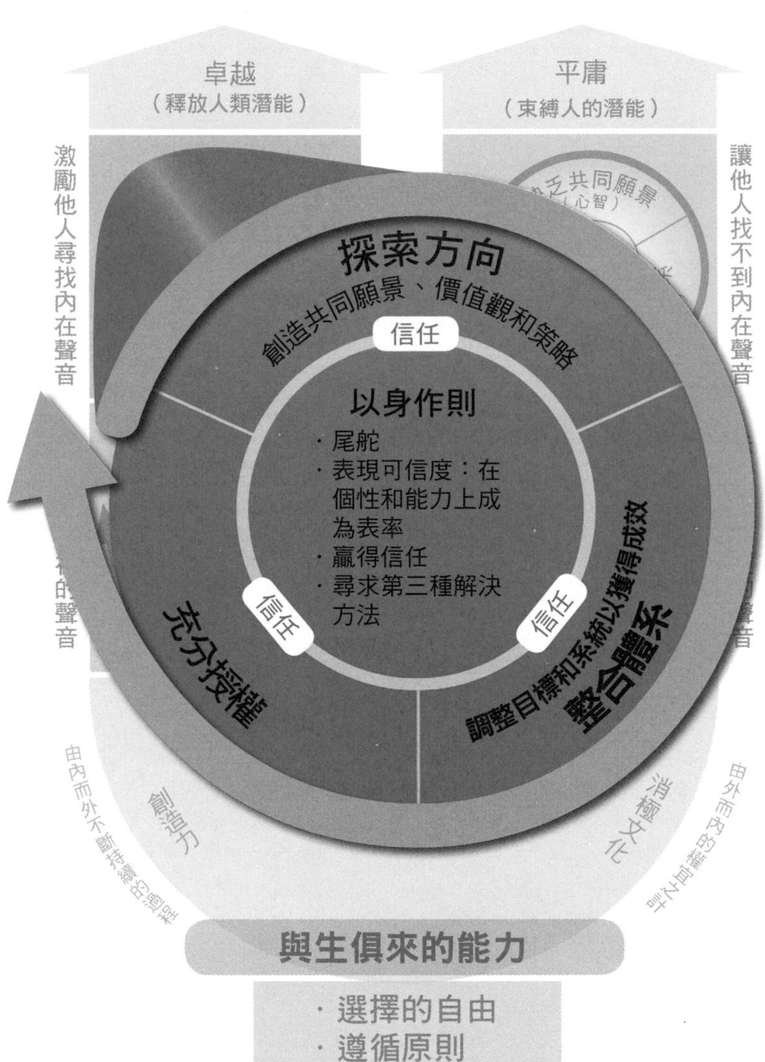
卓越
（釋放人類潛能）
平庸
（束縛人的潛能）
激勵他人尋找內在聲音
讓他人找不到內在聲音
缺乏共同願景
（心智）
探索方向
創造共同願景、價值觀和策略
信任
以身作則
· 尾舵
· 表現可信度：在個性和能力上成為表率
· 贏得信任
· 尋求第三種解決方法
信任
信任
充分授權
整合體系
調整目標和系統以獲得成效
的聲音
聲音
由內而外不斷持續的過程
創造力
消極文化
由外而內的權宜之計
與生俱來的能力
· 選擇的自由
· 遵循原則
· 四種才能

組織的信任度

調查的數據證實，一些組織內部存在很嚴重的「信任差距」。接受調查的對象中，只有百分之四十八認為他們的組織大體上實踐了所聲明的價值觀。

譬如，幾乎所有組織都表示團隊合作精神很重要，但是它的制度卻根深柢固的鼓勵內部競爭。

我曾經去過一家完全缺乏合作精神的公司，公司總裁無法理解員工為什麼不相互合作。他之前使勁的宣揚，甚至進行了員工培訓，激勵人們加強合作。但是，依然沒有合作的氣氛。

談話的時候，我無意中看到這位總裁的辦公桌後面，有一個被拉開的帷幔，裡面有一幅模擬賽馬場的圖畫。左邊一字排開很多賽馬，每匹馬的前面都貼著一個經理的照片；右邊掛的是百慕達旅行的廣告，畫面上是一對情侶挽著手在白色沙灘漫步的浪漫情景。

試想一下這其中的矛盾：一方面是：「加油，我們一起努力、共同配合，你會做得更多更好！」另一方面卻是：「你們誰能贏得去百慕達旅行的機票呢？」

這位總裁再次問我：「為什麼他們不互相配合？」

管理學家戴明的偉大學說之一是，所有組織百分之九十的問題與制度有關。會產生這些問題，是因為制度或結構不合理，而不是他所謂的「特殊原因」或人為因素。但是，根據最新的分析報告指出，既然人是計畫的制定者，人最終也要為這些制度負責。

整合體系是以制度化的方式建立信任感。這意謂著組織以其價值體系裡樹立的原則，設計組織的架構、制度和程序，因此，即使環境、市場條件和人改變了，原則不會改變。換句話說，結構服從目的，體系服從組織的願景。

如果組織的價值體系，既著重長遠又著重近期，那麼，資訊系統也應該這樣。如果價值體系強調合作，那麼，薪資制度也應該鼓勵合作，但這不表示個人的表現不應該得到獎勵。譬如，獎勵的大小可能是基於合作，但是個人所得到的獎勵，也會基於他在團隊中的努力，而有所不同。

許多組織都掉進了只獎勵個人表現而犧牲合作精神的陷阱。它們只是口頭說說，並沒有實際承認和獎勵合作的價值。組織中的每個人都依照自己的計畫行事，所以很多公司採用獎勵個人表現的薪資制度。但是，即使為最高層級的客戶服務，也要有團隊精神；如果缺乏團隊精神，就無法實現目標。

事實上，並不是員工不想合作，而是制度鼓勵個人努力或內部競爭。

你聘用這些人，不是為了讓他們成為贏家嗎？

我參加過一個公司的年會，在年會中，八百個員工裡只有三十人受到獎勵。我走到總裁旁邊，問他：「你當初聘用這些人，不是為了讓他們都成為贏家嗎？」

「是啊。」

「你聘用了失敗者嗎？」

「沒有。」

「但是今天晚上你有七百七十名失敗的員工。」

「可是，他們沒有贏得競賽呀。」

「那他們就是失敗者。」

「為什麼？」

「因為你非贏即輸的思維方式。」

「那你有什麼高見？」

「讓他們都成為贏家。你為什麼有分個你輸我贏的概念？在市場中，競爭難道還不夠嗎？」

「哦，那是生活的方式。」

「好。你和妻子的關係怎麼樣？誰輸誰贏？」

「有時她贏，有時我贏。」

「你想讓孩子將來也這麼生活嗎？」

「那我該實行怎樣的薪酬制度呢？」

「和公司的每一個人達成雙贏薪酬協定。如果他們完成了預期結果，那他們就算贏了。」

隔年，那家公司又邀請我去參加他們的年會。這一次，有一千個員工出席了會議。猜猜這次有多少人贏了？八百人。其餘的兩百人沒有贏，那是他們自己的選擇。今年和去年簡直有天壤之別。

那麼這八百個人創造了什麼結果？他們每人創造的效益是去年的三十倍。

這是為什麼？

讓我們比較這個故事和之前提到的獎勵百慕達旅行的故事。在前一家公司裡，每個人都在想：「我們當中，誰會贏得去百慕達旅行的機會？」在這家公司裡，每個人都在想：「我希望我們都能去百慕達旅行，我可以幫助你。」這種思維模式徹底改變了一個內部惡性競爭的組織。

持續調整體系

整合體系的工作永無止境，需要持續努力，因為組織會面對不斷改變的現實。組織的系統、結構和程序都必須保持靈活，以便隨時調整。但是，必須以不變的原則為基礎。原則提供基本的授權結構、提高品質和生產力，增加可持續性和靈活性。

讓組織不斷提升協調能力的一個方法，是嚴格的以組織內部和世界上所有公司或專業中職能相同、而表現優秀的人為衡量基準。這會讓員工具備世界級意識和概念，而不是目光短淺的只回顧過去，或從自己行業的發展趨勢和競爭對手目前的狀況推斷。

看看那些被公認為表現優秀的組織，它們並非完美無缺，也不一定永遠優秀，但我們要不斷向當今的佼佼者看齊學習。

成功的組織不是某些人單獨行動的產物，也不是領導者個人特質的產物，而是組織特質的產物。它們不是個人魅力的附屬品，而是制度和文化下的結果。

奇異公司就是一個成功的從工業時代轉向知識時代的絕佳例子。奇異總裁威爾許及管理教育主管蒂希，都很重視領導能力的開發和領導人的培訓。

威爾許認為，領導權並不是公司總裁在高層管理團隊內單獨享有的權力，這種權力必須在公司中形成制度。全球化經濟意謂著，一個長期被認為穩定、專制和程序受到嚴格約束的公司，不得不比以前更擁護改革，並需要培養機敏的、適應性強的各級領導人。這表示不僅要培養員工應付變化的能力，還要教他們如何創造變革。

制度化道德權威

真正以原則為中心整合體系的組織，都有制度化的道德權威。制度化的道德權威，能讓公司與各種利益關係人建立良好的關係，專注於提高公司效率、靈活性和市場適應力，並適當管理員工，使他們繼續前進。

在一些擁有憲法和章程的國家裡，可以看到何謂制度化道德權威。個別領導人或許不會總是按照憲法行事，但這些國家能夠以他們的長處為基礎，並藉由其餘政府部門的力量，使領導者個人的弱點變得無關緊要。

腐敗、專制或自我中心的領導者會造成很大的危害，即使是在制度化道德權威很強的國家也一樣。但是，如果有制度化道德權威，組織通常會迅速恢復正常。

從根本上來說，權力存在於制度中，而非選定或任命的官員。制度的力量比個人的弱點強大，這就是為什麼馬里奧特公司（Marriott Corporation）認為：邪惡起因於細節，而成功是由於整個體系。

馬里奧特公司是全世界規模最大的連鎖飯店，也是最優秀的組織之一。他們能這麼成功，部分是因為他們建立了開發員工天賦的溝通系統。

公司總裁馬里奧特（J. W. Marriott）告訴我：「幾年來，我學到的最重要經驗，就是傾聽人們的意見。如果公司主管能真正團結員工，聽取他們的意見，那麼，當你坐在會議室裡，和這些主管討論事情、傾聽他們的意見時，你就能做出更英明的決策。」

馬里奧特告訴我，他很早就清楚這個道理。他談到了與世界最著名的領導人之一艾森豪總統的一次偶遇：

「有一年聖誕節，艾森豪總統來我們家農場。艾森豪貴為總統，而我當時不過是一名海軍少尉。那天很冷，我父親在外頭插了很多射擊的靶子。他問艾森豪總統想到外面射擊，還是想在屋裡烤火？」

「總統轉向我：『你說呢，少尉？』」

即使到今天，馬里奧特提起這件事時還感到震驚。

「我心想，你看，他就是這樣與戴高樂、邱吉爾、馬歇爾、羅斯福、史達林……，打交道的。他總是會問這個令人愉快的問題：你是怎麼想的？」

「所以，我回答說：『總統先生，外面太冷了，還是待在屋裡吧。』」

馬里奧特說，直到今天，他都牢記這一課。

「那是我人生中的一個關鍵時刻。事後我想，如果我經營公司，也要問員工這個問題。如果我真的這麼做了，就會得到很寶貴的資訊。」

這就是馬里奧特的連鎖飯店成功的原因，他創立了鼓勵公司上下相互交流的一種文化。他認識到，只是簡單問一句「你是怎麼想的？」就能夠把被認為是「藍領」的工人轉變成「知識」工人，而你只需認真傾聽他們的看法，尊重他們的經驗和智慧。

整合體系的途徑：建立回饋系統

前面所提到的領導者的三種角色和表現的方法，牽涉到一個基本問題：到底什麼最重要？整合體系的這個部分，又涉及一個問題：我們在朝著最重要的目標前進嗎？

正如前面提到的，大多數的人都常常偏離目標——個人、家庭、組織和飛往各地的國際航班。認識到這一點很重要。對許多人來說，覺得自己偏離了方向會沮喪和失望。實際上，完全沒必要也不應該有這種心情。因為知道自己偏離了方向，就能自我調整，繼續朝著目標努力。

記住，一個人、一個團隊或組織的旅程就像是飛機飛行。在起飛之前，飛行員會制定飛航計畫，他們清楚知道目的地。但是，途中可能因為颳風下雨、氣流、航道壅塞、操作失誤和其他因素，他們會稍微調整飛行方向，所以其實途中很多時候，飛機甚至不在設定的航道上。除非出現很嚴重的問題，否則飛機還是會安全抵達目的地。

這是為什麼？

因為在飛行途中，飛行員會不斷收到回饋的訊息。他們利用儀器了解環境的情報，接收塔台和其他飛機發出的訊息。根據這些回饋訊息，飛行員可以一次又一次做出調整，之後就可以回到原定的計畫，完成飛行任務。

飛航是領導者四項職責最恰如其分的比喻。以身作則、探索方向、整合體系和充分授權，使我們能夠決定對家庭、組織、工作和自身來說最重要的事情。這些都相當於我們的飛航計畫。

我們就像飛行員，根據不斷收到的訊息確認進展並調整方向，以便回到最初的指導準則，實現預定的目標。

調整原則的關鍵是「結果」。你希望從市場上取得什麼樣的結果？你的投資人對投資的回報是否滿意？你的員工對心智、身體、心靈和情感的投資回報滿意嗎？供應商和社區滿意嗎？你對兒童、學校、街道、自然環境有責任意識嗎？投資人對這些問題的答案是什麼？顧客的答案是什麼？應該如何進行？他們如何用世界標準來衡量？你必須學習和研究投資人的回答，然後找出它們與策略上的差距。

達到效果與開發能力之間的平衡

效能是「預期產出」（P）和「生產能力」（PC）間的平衡。換言之，等於是人們想要的金蛋以及下金蛋的鵝。有時候我們稱其為產出與產能的平衡（P/PC Balance）。效能的本質是讓你達到所期望的結果，並在將來取得更好的成績。

過去十年，人們研究出許多衡量產出與產能平衡的方法。我經常教授三百六十度（360-degree）全方位的訊息回饋，並主張前九十度代表財務會計，其他二百七十度包括公司主要投資人對於資訊的理解，以及認為它所具有的優勢。

這類訊息回饋的名目繁多，最流行的一種是「平衡計分卡」（The Balanced Scorecard）。我有時候把這種方法稱為雙重底線評估（double bottom-line accounting）。

傳統的評估主要集中在「金蛋」（產出結果）這一條底線，雙重底線則顯示出對「鵝」（生產能力）的尊重，從組織和他所有投資人——顧客、供應商、夥伴及其家庭、政府、社區等的質量方面量化了「鵝」的狀況。

掌握組織的狀況與優勢，能產生多大能量可想而知，它一方面致力於組織的財務狀況（以前的努力與現在的結果），另一方面可以做為與投資人關係的主要提示，幫助打造未來的成績。

把目標公布在明顯之處，也就是制定一個可以提供驅動力的「記分板」非常重要，凡是相關者都應當參與評估、共同建立。記分板可以反映組織內在的使命、價值和策略標準，讓參與評估的人可以持續協調工作進程並擔起責任和義務。對於任何有義務完成任務或執行專案的個人、團隊或部門，記分板是客觀存在的。第十四章將提供如何建立記分板的一些操作建議。

問題與解答

一、如果我處於一個只注重短期利益、內部競爭、階級和數字的組織，怎麼辦？

如果這個組織具有市場競爭力，你可以利用選擇的自由並掌握機會，逐步擴大自己的影響力。如果它沒有市場競爭力，你可運用希臘哲學思想提到的性格、同理心和理念發揮影響力，直到組織意識到你的觀念與建議，會使他們更順利的完成任務為止。

或者，如果你已經在人員與專業培訓方面付出很多，可以利用你的權力來決定、解決問題和滿足人們的需求，你將有機會在其他方面一展身手。如果是這樣，你就應當毫不猶豫的瞄準這些領域，施展你的才華。

二、在探索方向之後，管理者或領導團隊最關鍵的問題是什麼？

我個人認為是人員的招聘和任命，它比培訓和開發更重要。用柯林斯（Jim Collins）的話來說，就是一定要確保適當的人坐在適當的位子上。問題是，在經濟快速運轉的時期，大部分組織在急需人員的狀況下，也可能帶來一些危機。你應當制定周密詳盡的標準，與應徵者交流，並了解他們的背景資料。與可能的人選建立聯繫，真誠溝通，讓資訊透明。留一些時間讓他們考慮自己的願景、價值觀和內在聲音與未來工作是否一致。

三、在招聘人員的過程中，什麼是最好的問題？

根據我的經驗，最好的問題是：「成長過程中，你最喜歡做的事情是什麼？在哪方面有優秀的表現？」這樣，就可以從一個人的學習過程及工作經歷中，了解他的真才實學和特長，傾聽他真正的內在聲音，了解他的思想歷程。此外，你也必須讓應徵者知道你希望他扮演的角色。

四、建立一個團隊的過程為何？

建立團隊，特別是互補的團隊，是一種基礎工作。只有建立團隊，人們的優點才能發揮，弱點才能因為他人的優點而化解；共同願景和價值觀就是整合的力量。但是我要提醒大家，加強團隊建設需要許多協調的機制和結構。如果你對著一種花說「快長」，澆灌的卻是另一種花，那麼前者是不會自己生長的。

如果你宣稱大家是一個團隊，但是在思考問題時仍然獨斷專行，並做出一些單方面的、隨心所欲的決策，也是不可能建立團隊的。如果能夠在組織內部的結構、制度和過程中加強團隊的共同願景，建立團隊就會是重要且值得的；否則，它將成為空洞的字眼，不受關注。

13

充分授權——釋放熱情與天賦

每件事親力親為和全力支援部屬的一貫態度，是激勵他們創造高業績的最有效方式。

——前美國國際電話電信公司（ITT）董事長 格倫尼（Harold S.Greneen）

領導人充分授權的第一種選擇，是直接管制部屬以獲取成果。第二種選擇是放鬆管制、放棄管理。換言之，表面上是充分授權給部屬，事實上意謂著放棄權利和忽視責任。

第三種選擇更嚴厲又更寬容，是透過我所謂的雙贏協定，讓部屬自我管理。它是透過目標和責任，以達到預期結果。

前面曾經提過，我認為多數機構，包括家庭，都是管理有餘而領導不足。在進行關於授權挑戰的探討前，我想分享一個朋友的故事：

有一天，我看到妻子愁眉苦臉，便問她：「發生什麼事？」她答道：「我真是沮喪極了，每天早上照顧孩子上學的狀況糟透了！如果沒有叮囑他們要怎麼做，他們不會自己動手，他們永遠到不了學校，永遠準備不好，永遠起不了床。我不知道該怎麼辦才好。」

我決定第二天早上親自觀察一下。

隔天早上六點十五分，妻子走進每個孩子的房間，輕輕推一下他們說：「該起床了，醒一醒。」她往返兩、三次，直到把他們都從被窩裡拖出來為止。然後，最難被叫醒的女兒打開水龍頭洗澡。之後的十分鐘，妻子在屋子裡繼續忙碌著，又再三敲浴室的門：「該出來了。」回應她的是防衛式的回答：「馬上就好！」女兒終於走出浴室回到自己的臥

通往卓越的地圖

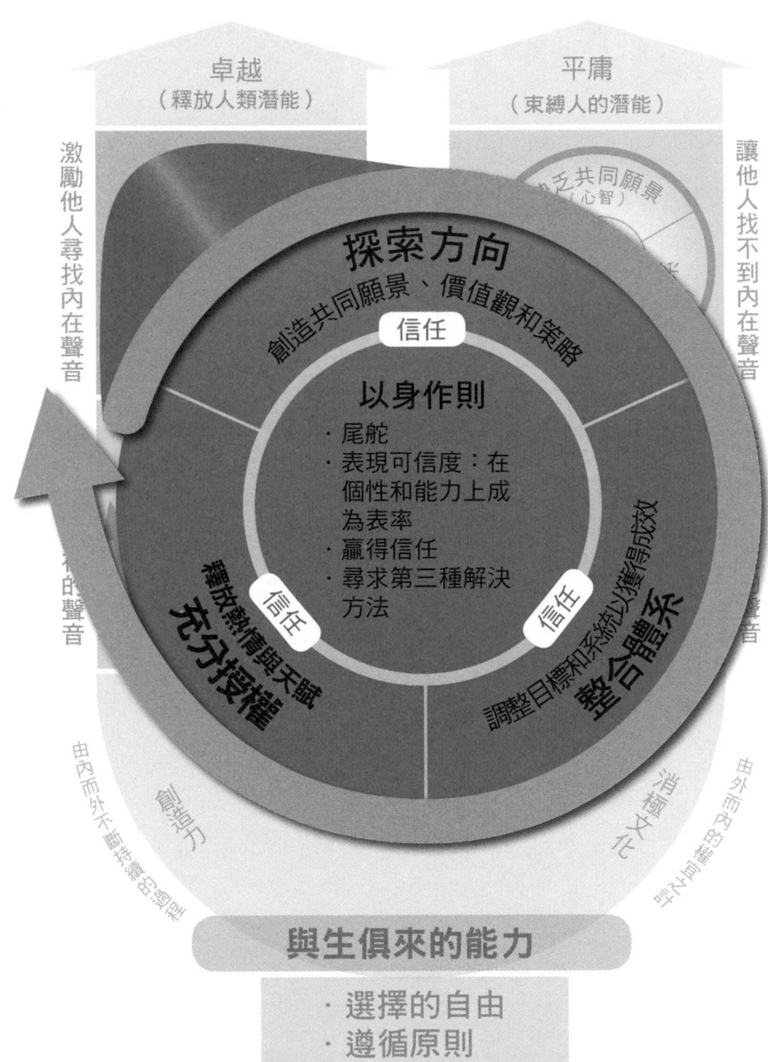
卓越
（釋放人類潛能）
平庸
（束縛人的潛能）
激勵他人尋找內在聲音
讓他人找不到內在聲音
探索方向
創造共同願景、價值觀和策略
信任
以身作則
· 尾舵
· 表現可信度：在個性和能力上成為表率
· 贏得信任
· 尋求第三種解決方法
充分授權
釋放熱情與天賦
信任
整合體系
調整目標和系統以獲得成效
信任
創造力
消極文化
由內而外不斷持續的過程
由外而內的權宜之計
與生俱來的能力
· 選擇的自由
· 遵循原則
· 四種才能

房，卻蹺曲在地毯上，用浴巾包著自己。

十分鐘後，妻子來叫她：「快穿好衣服！」

「我沒有可以穿的衣服！」

「就穿這一件吧。」

「我討厭那些衣服，實在太難看了！」

「你想穿什麼呢？」

「我的牛仔衣，可惜它們都髒了。」

這種情況持續到六點四十五分，直到三個孩子全部下樓才結束。妻子仍然一再督促著，三番兩次提醒孩子：「快，車子馬上就要到了。」最後，孩子給母親一個擁吻，上學去了，但是妻子已精疲力盡。親眼目睹了這一切，連我也覺得好累。

我心想，難怪妻子會愁眉苦臉。由於父母時時刻刻的提醒，孩子們不知道自己能夠做些什麼。浴室玻璃門上的敲擊，變成了允許他們放棄責任的象徵。

有天晚上，我把大家集合起來。我說：「我注意到大家早上的時間很『充裕』。」大家都會意的笑了。我問：「誰喜歡目前的方式？」沒有人舉手。

我又說：「我想告訴你們一些值得深思的想法：你們具備決策的能力，可以自己負責。」然後，我問他們：「你們當中，有誰可以自己調好鬧鐘，自己起床？」孩子們都注視著我，像是在說：「爸爸，你今天是怎麼了？」我看出他們的疑問，「我是當真的。你們有誰能夠做到這一切？」

結果，每個孩子都舉起手。「有誰能夠自己回到臥室，選出喜歡穿的衣服，然後自己穿好？」孩子對這些問題愈來愈有興趣，因為他們都在想：「我可以做到。」「有誰可以在不用別人提醒和督促的情況下自己鋪床，把房間打掃乾淨？」每個人又都舉起手。「有誰可以在六點四十五分準時下樓，跟大家一起吃早餐？」他們全都舉手。

我們逐一確認每件事。他們每同意一個事項，就代表「我有能力做到。」然後我說：「我們接著該做的事，是把這些都記錄下來，設計一個早晨計畫。」

他們把所有想做的事情都記錄起來並制定時間表。這時，平常問題最多的女兒反而是最興奮的一個，她首先制定出詳細的作息時間表，我們則成為她尋求幫助的對象。我們制定了幾條原則，像是什麼時候開始和如何開始，結果又是如何。

最理想的結果是讓每一個人，特別是孩子的母親，有一個更愉快的早晨。我們都知道，愉快的母親代表愉快的家庭！

第二天早晨六點，我跟妻子躺在床上，忽然聽到有個房間裡的鬧鐘響了，燈光亮起。還來不及搞清楚是哪個孩子，就發現平常讓我們最頭痛的女兒衝進浴室，打開水龍頭洗澡。我和妻子在驚喜中相視而笑，我們真希望她能夠自己完成這一切。結果，大約在十五到二十分鐘之間，她完成了平時需要一個半小時才做完的事情，而且還有時間練習鋼琴。我們迎接的是一個偉大的早晨。同樣的，其他孩子也一樣成功。

孩子們出門上學去了，妻子說：「我好像到了天堂，但是真正的考驗是這一切能不能夠持久？」

現在，已經過了一年，雖然我們已經不再像第一個早晨那樣興奮和激動，但他們都能夠按時起床並自己完成一切。我們同時也發現，大家能夠在開始的幾個月裡，坐在一起評估所做的一切和重溫約定，是非常有幫助的。看到孩子們在「我能做、我有力量做、我有責任做」的意識中成長，是令人高興和驚奇的。我們也盡量做到不再去提醒孩子。這件事為我們上了生動深刻的一課，並完全改變我們家庭早晨生活的生態。

相信潛能，也相信價值

傳統的管理思維總認為，孩子需要提醒，父母需要去檢查。因此，大多父母已經為孩子設計了這一切。

不過，這對父母改變思維，開始思考孩子的價值和潛能。但是他們沒有跟孩子明確的溝通他們的潛能，而是以提出一些問題的方式來做，例如是否相信自己能夠主動起床、打理自己等等。

由於這種交流是在孩子們對父母懷有明顯情感的狀況下進行的，因此，可以做出並履行承諾、發揮潛能、確定責任、培養感情，增強相互信賴和信心。這就是美滿的、強大的授權示範。

儘管這只是一個看似微不足道的家庭問題，但是大多數人都感同身受。不僅在家庭中，有時人們在組織裡也只相信他人的潛能，而不相信他人的價值。因此，他們往往不夠有耐心、不夠信賴，不夠自我犧牲，以成本效益分析的角度來看，他們大概認為成本過高。其實，除非意識到自身的價值，否則你無法持久的喚起他人的價值。

「以身作則」會激發毋需言語的信任；探索方向創造毋需要求的秩序；整合體系培養不宣自明的願景和授權，而充分授權是以上三者的果實。這是個人和組織相互信賴的自然結果，它可以發揮人類的潛能。換言之，授權可以將自我控制、自我管理置於至高無上的地位。如果在探索方向和工作層面都有這種和諧與合作，就會激發熱情、能量和動力。簡而言之，就是激發內在的聲音。

熱情是火焰、狂熱和勇氣，當人們從事自己喜愛、能滿足最深層需求的事情，而且取得圓滿結果，就會充滿熱情。充分授權也是如此。在組織成員為從事自己喜愛的工作，而滿足自己深層需要和組織的必要條件下，它會與成員的心聲交融在一起。

在《發現我的天才》（*Now Discover Your Strengths*）一書中，作者巴金漢和克里夫頓（Marcus Buckingham & Donald Clifton）整理了蓋洛普調查的主要發現：「一流組織不僅要接受員工是不同個體的現實，而且必須充分利用這些不同。」作者同時報告了蓋洛普的研究發現：

問題是：在工作中，你每天都有機會做最擅長的事嗎？然後我們將他們的回答與其所在部門的業績進行比較，發現：當員工的答案是肯定時，他們百分之五十以上可能來自流動率較低的部門，百分之三十八以上可能來自生產率較高的部門，百分之四十四以上可能來自顧客滿意度比較高的單位。之後，部門內回答完全肯定的員工人數有所增加的，也相對的提高了生產率、顧客滿意度和員工留職率。

充分授權給知識工作者

我們生活在一個知識資本巨大的知識工作者時代。過去產品成本的百分之八十用於材料，百分之二十用於知識；現在卻是百分之七十用於知識，百分之三十用於材料。克林納（Stuart Crainer）在他的《管理世紀》（*The Management Century*）一書中寫道：「資訊時代高度評價智力工作。現在，大家愈來愈體認到：招聘、保留和培養人才是競爭的關鍵。」

杜拉克在他的《杜拉克談未來管理》(*Managing for the Future:The 1990s and Beyond*)一書中寫道：「從現在起，知識是關鍵。世界的發展趨勢不是勞動密集型、物質密集型，也不是能源密集型，而是知識密集型。」

今日，我們最主要的商業投資是知識工作者。不妨檢視一下你們公司對於知識工作者在薪資、福利及培訓方面等等的投資有多少。這些常常會轉化成每人每年成千上萬美元的收益！

高品質的知識工作，其價值是難以估計的，所發揮的潛能會為公司帶來創造價值的絕佳機會。知識工作能平衡公司的所有投資，實際上，知識工作者是公司其他投資與收益間的主要連結。他們是公司的焦點、創造力的源泉，能使公司的投入發揮更大的效益，更順利的完成目標。因此，充分授權是很重要的。

充分授權並不是一個新的概念。實際上，早在九〇年代，授權已在管理領域成為人人皆知的時髦辭彙和運動。但是，坦白說，授權運動也在管理階層和基層招來不少冷嘲熱諷和積怨。原因何在？這是因為授權是領導人其他三種職責並行下才能產生的結果，而不是根源。

我們曾對三千五百名管理人員和專業人員進行調查，提出如下問題：什麼原因阻礙了

充分授權的阻力

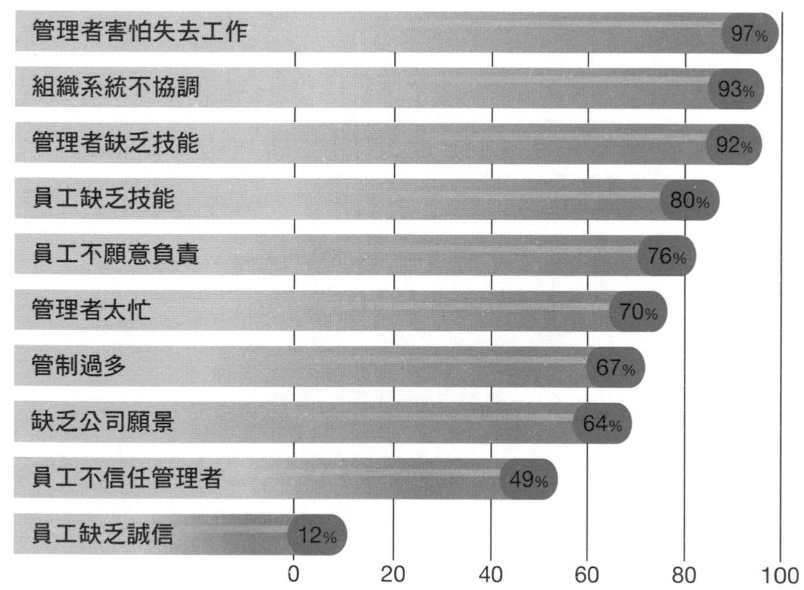
調查對象：3,500 位管理者
管理者害怕失去工作 97%
組織系統不協調 93%
管理者缺乏技能 92%
員工缺乏技能 80%
員工不願意負責 76%
管理者太忙 70%
管制過多 67%
缺乏公司願景 64%
員工不信任管理者 49%
員工缺乏誠信 12%
0
20
40
60
80
100

授權？他們的回答，強調的還是個人和組織可信度。

現在，你已經對領導人的四種職責有了更深層的了解，不難發現，在沒有徹底做好以身作則、探索方向和整合體系三項工作的前提下就充分授權，人們會對此感到失望。

記得幾年前，我採訪過一個獲得鮑德里奇國家品質獎（Malcolm Baldrige National Quality Award）的公司總裁。我問他：「貴公司能獲得這項殊榮，你認為最棘手的挑戰是什麼？」他沉思片刻，微笑著說：「放棄管制。」

授權應當扎根在以身作則、探索方向和整合體系之中，否則，它只是一些老生常談。領導人的四項職責，讓管理者能免於徘徊在管制與害怕失去控制的困境中。當領導者真正建立了一個理想的授權環境時，是不會失去控制力的，它將直接轉化為員工的自律。

但若以授權的名義放任員工，自律也無法實現；實現自律，雙方必須有共同的底線，須有達成共識的準則、結構和制度，使每一個人在整體工作中是一個全面發展的人。

對於那些因為缺乏必要能力，而不能夠賦予他們更多自由的人，領導人應當加強培訓和指導。而那些能持續有良好表現的工作者，將會在這種方法中，贏得愈來愈大的信賴和自由。人們會敢於對結果負責，並享有在準則之內發揮獨特才能和獲取結果的自由。

我把它稱做「直接自治」。管理者的角色因此可以從管制者，轉變成一個現代理念的領導人——與員工享有共同的使命，為員工排憂解難，成為他們信賴和尋求幫助的源泉。

充分授權的工具──雙贏協定

讓我們思考一下，當兩個志願者共同承擔合作的使命時，如何達到雙贏。這兩個志願者，一個代表組織，另一個代表持股人、團隊或個人。德普雷（Max De Pree）在他傑出的著作《領導是一門藝術》（*Leadership is an Art*）中，是這樣描述兩個志願者的合作精神：

公司中最優秀的人，莫過於那些一生都奉獻給公司的志願者。他們有機會找到其他更好的工作，但不知什麼原因，他們還是選擇薪水和職位上比較差的某個工作。志願者需要的，不是實際的合約，而是一種精神上的契約，這種契約關係能帶來自由，但不是麻痺。契約關係依賴於對理想、問題、價值、目標及管理程序的共同奉獻。諸如此類的辭彙如愛、熱情，是永遠不變的。契約關係能滿足深層需求，並能賦予工作意義進而完成它。

雙贏協定並不是一份正式的工作描述，也不是一份法定的合約。它是一份確定雙方意願的無限期的、心理的和社會的合約。它首先「寫」在人們的心靈和腦海裡，在任何時候都可以輕易擦掉。如果環境改變，雙方也可以根據意願重新討論和商談。不論你是否使用「雙贏協定」這個辭彙，這個概念指的是雙方對最關注的事物，有共同的理解和奉獻。

服務型領導人會提出的問題

——與部屬並肩前進

❶ 工作進展得如何？（根據的是記分板、回饋資訊）
❷ 你正在學習什麼？
❸ 你的目標是什麼？
❹ 我能幫你做什麼？
❺ 做為一個幫助者，我表現得如何？

成功的授權取決於，團隊成員透過雙贏協定而表現出來的工作承諾。在一個組織中，雙贏意謂著組織的四種需求與個人的四種需求，存在明顯的重疊。

如果有人違背了協定的精神，而且我行我素，不為彌補這種背信付出努力，那麼，和這樣的人也只能「好聚好散」。這意謂著你們根本沒有達成交易，根本不存在協定。你可以解約，讓這樣的人離開。

有一個關於停止交易的有趣方式，叫做固執拒絕原理（the doctrine of stubborn refusal），我是在與海軍軍官的互動教學中學到的。它是指當你知道某些事情是錯誤的，可能會對任務和組織價值觀造成嚴重損害時，不論你的地位與職務高低，你都應當有禮貌的拒絕。你應該闡明自己的觀點，並宣布自己反對繼續一個你確信完全錯誤的決定。這是出於良知——讓你的內在聲音指導行動，而不是屈從於搖擺不定的同儕壓力。

身居高位的人能夠公開認同「固執拒絕原理」，是非常重要的。

服務型的領導人

為了達到目標，領導人應當充分授權。最好的方式就是做一個服務型的領導人，也就是幫助員工運用創造力，找出更新更好的做事方法，讓員工對自己負責。能夠與部屬「並肩前進」的領導人，能提出以下問題：

第一，「工作進展得如何？」員工比任何一位老闆都清楚工作的進度，特別是在老闆和其他利益關係人的資訊回饋制度已經建立的情況下。所以，員工對這個問題的回答，依據的是雙方同意的記分板上的情況，和其他利益關係人的全方位資訊回饋。

第二，「你正在學些什麼？」

第三，「你的目標是什麼？」或「你準備完成什麼？」它表明願景和現實之間的聯繫。這很自然的關係到第四個問題：「我能幫你做什麼？」並清楚傳達一個訊息：「我是一個幫助你的人，也可以說是服務者與僕人。」第五，「做為一個幫助者，我應該做什麼？」這個問題傳達的是坦誠和相互尊重。

只有在一個團隊中充滿了服務型的領導精神，並在管理者、團隊和部屬之間真正扎根，第九章中提到的信任的第三種形式才能開花結果。

將勞力工作轉化為知識工作的實例

以下是一個工廠清理員的真實故事，它描述了工作中可能發生的一切。雖然這項工作很光榮，但從本質上來說，是非常枯燥瑣碎的，毋需技能，薪水也不高。這個故事要說明的觀點是：如果你能在一項完整的工作中，擁有完整人格，無論是倒垃圾、掃地、拖地板，還是刷洗牆壁和設備，你就可以在任何工作中找到自己。

有一次，一位培訓員在指導一批初級管理人員，如何讓工作變得更豐富，以便由內而外的激勵員工。

一個工廠領班很抗拒這樣的理念，因為它似乎過於理想化，至少與他沒有任何關聯。所有參加培訓的管理人員都同意，工廠清理員這個工作存在著問題。他們也認同領班的觀點，認為多數清理員缺乏教育，也是因為沒有更好的機會，才暫時做這份工作。實際上，他們唯一的願望就是按時上下班。

於是培訓員放棄準備好的討論，直接切入工廠清理員的工作。他將使工作豐富化的三個關鍵詞寫在黑板上：計畫、執行和評估，然後讓那位領班和其他受訓者列出相關的維修職責和活動。

「計畫」方面的工作如下：建立工作進度表，選擇並購買地板蠟和上光劑，決定每個清理員負責的區域。在討論過程中，領班表示，他想購買幾種新的地板上光劑和擦洗機器。所有計畫都由這位領班來擬定。

列在「執行」下面的，是清理員的例行性工作，包括：掃地、擦洗、打蠟、清理垃圾和廢物。

「評估」部分包括下列活動：每天由領班對工廠清潔進行例行檢查，評估不同肥皂、地板蠟和上光劑的性能，實驗改進的方法，確保工作進度。此外，領班還要與廠商保持聯繫以購買新的機器。

當各種活動都列出來之後，培訓員問道：「這些工作中，哪些是清理員的職責？例如，領班先生，為什麼是由你來決定購買哪一種肥皂？為什麼不讓清理員決定？是否應該讓售貨員向清理員展示一下新機器的性能，然後讓他們決定哪些機器是最好的？是否應該讓清理員確認一下，他們對工作的哪一個環節感興趣？」

之後五個月，培訓員在每一堂課中都會對這個案例進行簡要討論。同時，領班透過為清理員制定計畫、工作和評估，對他們的思想和心靈也有了進一步的了解。

清理員對新機器進行測試，並提出購買建議；對各種不同類型的地板蠟進行試驗，以檢測哪一種更耐用。他們開始檢查清潔進度表，以決定每一個區域所需要花費的精力和時間。他們自己擬定判斷工廠清潔的標準，並對那些沒有達成目標的人施加了同儕壓力。

清理員逐步承擔起所有的任務，因此他們最優秀的思想得以發揮。另一個成就，也是最令人驚歎的，就是工作的品質提升了，人員流動率和違規問題降低，圍繞著進取心、合作、勤奮和品質的社會規範建立起來了，對工作的滿意度大幅度提高。簡言之，他們成為一批朝氣蓬勃的清理員，而這一切都是由於領班允許或授權從事完整的工作。他們能自治，不再需要監督或管理，因為他們能根據自己建立的標準進行自我監督和自我管理。

服務與意義

如果將「計畫、執行、評估」這個理念應用到全人領導模式，就會成為下頁圖所顯示的模式：

第四個組成部分「服務」位於圖的中心，顯現一個完整的人對工作意義和貢獻精神的要求。在這種情況下，即便是那些清理員也開始體驗工作的偉大意義。他們對工作產生

完整工作中的全人

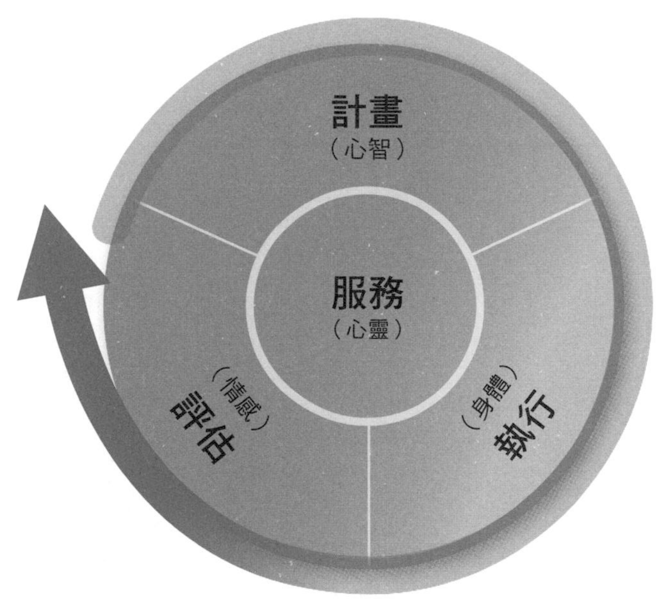

榮譽感，工作的品質水準也開始提高。他們找到了自己的內心聲音。請注意圖表外部的箭頭，表示這是一個圓、一個過程。評估工作結束後，新的工作計畫開始，這無形中又增加了新的經驗和學識；新計畫執行之後，良性循環自然重複。

你可能會問：「如果授權能達到這樣的程度，為什麼還需要領導人呢？」對這個問題的簡單回答是：領導人要建立授權的環境，就像是為部屬鋪路搭橋和清除障礙，當部屬需要幫助時，為他們提供資源。這就是服務型的領導。總而言之，一切從做好工作出發，而不是讓工作傷害你的自尊。

清理員的例子有力的提醒我們，人們對自己的工作做出選擇時，一般取決於四個本能領域受到的尊重和保障的程度。從下一頁的圖可以看出，做出每一項選擇都反映出很深刻的動機，從憤怒、恐懼、獎勵到職責、愛和意義。

職責、愛和意義是人類產生動機的最高來源，總是能夠產生最偉大、最持久的成就。領導者應該引導人們產生最大動機。

這個例子也闡明了一個很重要的觀點：決定一個人是否能成為知識工作者，取決於領導者的信賴及其個人風格，而不是工作的性質或知識時代。

選擇的自由和能力

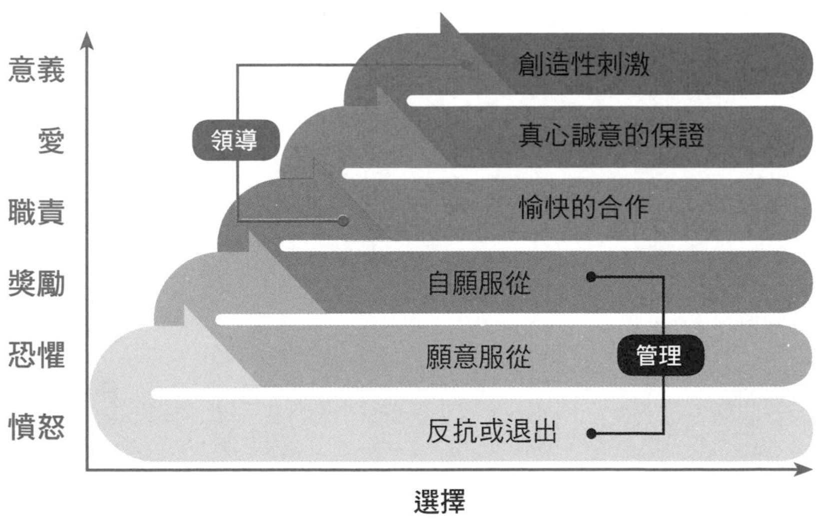

問題與解答

一、你曾談到互補團隊。但我在工作上獨當一面，沒有工作團隊和部屬，什麼都是自己來，那我怎麼彌補自己的弱點？

一般而言，互補團隊能讓你的優點發揮效益，弱點被其他人的優點所彌補。否則，你起碼要能控制自己的弱點，或者從外部尋求能夠彌補自己弱點的顧問或人員。

二、在一個高度系統化管理，又有新命令、政策和規定不斷干擾的環境中，你如何進行授權？

我將詢問我的員工這個問題：「你們的建議是什麼，你們的意見是什麼？」人們具有非凡的創造力和彈性，不論他們遇到多麼具有規範壓力的環境，如果工作是有意義的，他們總是能在某些領域發揮創造力，做出自己的判斷。規定只是可供遵循的指導方針。

我在英國生活一段時間，目睹過於制度化的環境，使鐵路工人變得令人厭惡。他們決定完全按照規定來，結果，幾乎使整個英國陷入癱瘓，沒有一輛火車能準時到達。而他們在此之前之所以能夠成功，是因為他們的創造力、進取心和機智。一旦發現這樣的狀況後，鐵路管理人員開始重視人為判斷的價值，管理規則次之，情況才恢復正常。

我曾經在高度制度化的核能工廠工作。他們合作和溝通的情況，包括與競爭對手之間，都非常融洽。因為他們深知，如果再次發生三浬島事件，整個工廠就要關閉。對於每一個可能存在風險和安全漏洞的事件和狀況，他們內部都會及時通報和溝通。與這些具競爭力的公司所做的一切相比，政府管理人員認為他們的規定，已經達到無以復加的程度。

三、對於那些堅持不同意見或總是反對任何決策又固執己見的人，如何處理？

許多重大的進步，都是由那些持不同見解的人所創造的。組織和領導人應當為那些思維方式不同，以及在思維過程中，總是充滿活力和創造力的人留一席之地，學會去欣賞每一個人的特長。但是，他們的「不同見解」如果已經達到純粹負面和批判的程度，我認為應該建立一個回饋機制，讓他們及時了解其他人的真實感覺，直到他們做出真正的決定。

如果持不同見解的人，是想從叛逆中得到快樂，卻無法在創新的貢獻中發揮任何作用，你就應當另尋他人。

四、我有非常強烈的控制欲，釋放權力雖然可行，卻讓我感到恐懼。怎麼辦？

人雖然會受到欲望影響，但你不是動物，而是自我選擇的產物。你必須用人類獨一無二的三種天賦——選擇的自由、自然法則或原則和四種才能來改變自己。你可以用耐心和毅力來克服這些控制欲，當你從關係密切的人群裡逐漸獲得自信之後，你會意識到，在身教與言教中，存在著更大的生產力和平靜。最終，你就會學習如何在制度、結構和程序中將道德權威制度化。

三一三

智慧時代

14

有效執行第八個習慣

我們在做什麼和我們能做什麼之間的區別，可以解決這個世界上大部分的問題。

——甘地（Gandhi）

第七到十三章討論過的內容，基本上可以用兩個詞來概括：掌握關鍵和執行。「掌握關鍵」關注的是什麼才是最重要的問題，而「執行」關注的是把最重要的目標轉化為現實。

掌握關鍵和執行是不可分割的。換句話說，除非你能讓員工把精力集中在同一件事上，否則他們無法齊心協力完成工作。如果你用工業時代的命令與控制執行模式，迫使員工這麼做，你就無法利用知識時代「充分授權」的轉化模式，來獲得良好的執行。原因很簡單，因為員工如果沒有加入，就不會產生參與感，也就無法自願的將精力集中在某件事情上，最後也無法獲得良好的執行。

同樣的，如果你運用知識時代充分授權的方式，讓員工聚焦在同一件事情上，然後卻用工業時代的命令與控制的方法，來指導實際的執行，也無法讓員工長期集中注意力，因為人們會覺得你不真誠。

反過來說，如果你在掌握關鍵和執行兩方面，都運用知識時代的管理模式，就可以使組織文化充滿誠懇和可信賴性。組織不僅能夠發出自己的內在聲音，而且還可以利用這一點，為組織的長遠目標和利益關係人服務。

在本書的一開始我就說過：「知道怎麼做卻不去做，就等於不知道怎麼做。」除非通過實踐和執行，讓第八個習慣中包含的原則成為我們的一部分，也就是說成為一種習慣，否則這些原則就沒有什麼價值。

執行是今天大多數組織都沒有處理的問題。擁有明確的策略是一回事，實際執行並將策略轉化成現實則是另一回事。

事實上，如果必須在一個普通策略加上出色執行，和一個出色策略加上拙劣執行之間選擇，大多數領導人都寧願選擇前者。正如IBM的前任執行長葛斯納（Louis Gerstner）所說：「世界上所有優秀的組織，每天都在執行面超越競爭對手：在市場上，在工廠裡，在行政支援上，在庫存週轉方面，幾乎在他們所做的每一件事情上。優秀的組織，絕少將自己與一直都在發生的競爭隔絕開來。」

主要的執行缺陷

許多因素都可以影響執行力，但是我們的執行智商研究顯示出，在一個組織裡有六個核心因素可以推動執行：清楚、投入、轉化、提高能力、統合綜效和責任。執行不力一般都是上述六個因素中的一個或幾個出了問題。我們稱之為執行缺陷：

- 不夠清楚——員工不清楚團隊和組織的目標或首要任務是什麼。

- 不夠投入——員工並未完全投入以實現目標。
- 無法轉化——員工不知道自己要做什麼，來幫助團隊或組織實現目標。
- 無法提高能力——員工沒有適當的結構、制度或自由來完成工作。
- 沒有統合綜效——員工無法和睦相處、融洽共事。
- 無法承擔責任——員工並不總是要求同事之間相互負責。

下頁的圖表列出了這六個執行缺陷，並簡單明瞭的解釋了工業時代的控制思維模式怎樣導致執行缺陷，以及包含了第八個習慣的全人模式如何彌補這些缺陷。以下分別敘述推動執行力的六個因素：

一、清楚

在工業時代，領導人只是簡單的宣布任務、想法、價值觀和重要目標。這些常常是公司的高層人士在工作以外的使命宣言會上提出的，然後再向員工宣布策略，以指導所有其他決定。一段時間後，這些使命宣言就變成了公關聲明，因為員工並沒有真正參與，所以也沒有真正建立認同感，而認同感卻是知識時代的本質。它是一種個人道德權威，來自與自己敬仰的人並肩奮鬥的過程，而不一定來自參與組織的策略決定。

推動執行力的六個因素

執行缺陷	工業時代種下的因	知識時代的解決辦法
不夠清楚	宣布目標	認同感或參與
不夠投入	灌輸	完整工作中的全人
無法轉化	工作描述	根據最終結果的要求調整目標
無法提高能力	軟硬兼施（視員工為成本支出）	調整組織結構和文化
沒有統合綜效	「合作！」	第三種解決方法
無法承擔責任	工作表現評估	經常的、公開的相互負責，有督促作用的記分板

二、投入

工業時代讓員工敬業的方法是灌輸他們這樣的觀念，但研究資料顯示，每五個人中只有一個對組織的重要目標具有非常熱切的執著與追求。知識時代的第八個習慣，是讓一個完整的人去做一份完整的工作——身體、心智、情感和心靈全都投入其中。

研究結果顯示，當領導人採用知識工作者的管理方法時，員工只將薪資的重要性排在第四位，排前三位的是信任、尊重和自尊。當人們對工作本質感到滿意時，非本質的，或者外在的因素就不那麼重要了；但是如果人們對工作本質並不滿意，那麼錢就變成了最重要的東西。因為有了錢，你就可以在工作以外的時間，購買自我的滿足。

不夠清楚和投入這兩方面的執行缺陷，也是導致時間管理出現問題的主因。因為在缺乏清楚和投入的情況下，你會對什麼是最重要的事情產生困惑。它導致的結果是，什麼事情比較緊急，什麼事情就比較重要。那些最受人關注的、時間緊迫的，也就變成重要的。

最終結果是，人人都在揣測未來，觀察政治風向，猛拍上級馬屁，然後這種困惑又會以一種逐級放大的方式，在整個組織內部由上而下傳導。

因此，除非人們對組織的使命、願景和價值觀有清楚的了解且願意投入，否則不論進行多少訓練，都不會有長久的作用。

三、轉化

工業時代的做法是對工作進行描述。在知識時代，你需要按照員工的特性，來調整他們的工作，而且必須與實現團隊和組織的重要目標保持一致。

四、提高能力

提高能力是最難克服的執行缺陷，因為它要求去除所有妨礙組織正常運轉的結構、體制和組織文化上的障礙。這些有助於或者有礙於組織運轉的結構和體制，例如招募、選擇、培訓和發展、報酬、交流、資訊、補償等，正是許多人工作生活中，安全感和可預測性的來源。除非員工真正參與決策過程，特別是關於價值判斷標準和公司前進方向的決策，否則組織就得不到足夠的情感支持、信任和發自內心的動力，進而調整那些深層的結構和體制問題。

在工業時代，員工是成本支出、是事物，就像設備和技術一樣，是一種投資。如果採用知識時代的第八個習慣管理方法，員工可以參與樹立一塊醒目的、有督促作用的即時記分板，記分板上既顯示工作成果也註明工作能力，更可反映出組織的體制和結構是否得到了正確的調整。

五、統合綜效

工業時代的管理方式從好的方面來說是一種折衷；往壞的方面來說，是一種我贏你輸或者我輸你贏的方式。知識時代的統合綜效作用帶來第三種解決辦法，即是按照第八個習慣的方式進行交流，人們的目標被清楚的列出，並根據組織的目標進行調整，從而使不同團隊或部門的目標可以協調一致。

六、責任

工業時代「軟硬兼施」的激勵方法，被相互負責和公開分享資訊所替代，而這一切是為了實現人人都很清楚的組織目標。這就像是走進一個足球場或者橄欖球場、棒球場，記分板上顯示著各種資訊，這樣球場裡所有的人，都能清楚知道比賽的狀況。

最有效擊球點

我們已經討論過三種卓越：個人卓越、領導卓越和組織卓越。

我們在找到與生俱來的三種天賦的時候，也找到了個人卓越。如果我們進一步發展這些天賦才能，就會培養出一種傑出的特質——有遠見、具組織紀律性，並且在良知的引導下充滿熱情、勇氣和善良。

這種特質將驅使我們做出重要的貢獻，並且服務全人類。

可以實現領導卓越的是那些不論職位高低，致力於激勵其他人找到自己內在聲音的人，而這要通過履行領導者的四項職責來實現。

實現組織卓越，則需要組織面對最後的挑戰，將領導者的職責和工作轉化為組織內執行的準則。這些驅動因素對組織來說，也是普遍和不證自明的原則。

下頁圖點出個人卓越、領導卓越和組織卓越之間的關係。用上述三種卓越來管理和約束自己的組織，就可以找到所謂的最有效擊球點。最有效擊球點就是三個圓圈重疊的部分，可以使力量和潛能得到最好的釋放。

如果你在打網球或高爾夫球時，用球拍、球桿的最有效擊球點去擊球，你在接觸球的一瞬間，就會知道自己打對了地方，那是一種令人非常愉快的體驗。它會使你產生共鳴，讓你感覺很棒。你不需要多花力氣，在球與最有效擊球點接觸的一瞬間，力量便得到了充分的釋放，球的速度比平時快得多，飛行距離也更遠。不論一個人、一個團隊還是一個組織，當發現內在的心聲時，力量就被釋放出來。

執行的四個要素

在實做的過程中，如果能始終如一的堅持我所謂的「執行的四個要素」（4 Disciplines of Execution, 4DX），就可以彌補前面提到的執行缺陷，並大幅度的提升團隊和組織關注、執行最重要任務的能力。當然，影響執行的因素有很多，但是，我們的研究顯示，這四個要素代表了百分之二十的活動，而這百分之二十的活動又創造了百分之八十的成果。以下

以原則為中心的掌握關鍵和執行

個人卓越

願景、自律、熱情、良知

七個習慣

第八個習慣

最有效擊球點

（4DX）

領導卓越

領導的四項職責

以身作則（七個習慣）、
探索方向、整合體系、
充分授權

組織卓越

使命、價值觀、願景

清楚、投入、轉化、統合
綜效、提高能力、責任

是對這四個要素的概述：

要素一：專注於最重要的事

許多人並不了解一個重要原則：人類天生就只能在同一時間，把精力放在做好一件事情上（至多是為數不多的幾件）。

假設你有百分之八十的機會，能圓滿實現一個目標。現在，若在原有目標的基礎上再加上一個目標，研究顯示，你同時實現兩個目標的可能性降至百分之六十四。如果再增加更多的目標，實現的可能性就會迅速下降。例如，假設要同時實現五個目標，你圓滿達成目標的可能性只有百分之三十三。

既然如此，將精力完全集中在幾個最主要的目標上，就變得非常重要了。

有些目標顯然比其他目標更重要。我們必須學會區分什麼是「比較重要的」，什麼是「非常重要的」。一個「非常重要」的目標往往會產生重大的後果，無法達成這些目標會使所有其他的成就變得不那麼重要。

如何知道哪些目標是非常重要的，並且最有助於實施策略計畫呢？「重要性篩選法」（The Importance Screen）是一個很有價值的工具，它可以從利益關係人利益、組織策略和經濟效益等多重角度，幫助你區分先後次序。

利益關係人利益篩選：為了滿足利益關係人的需要，哪些是你應該做的最重要的事情？顧客、員工、廠商、投資人和其他與重要目標相關的人，你都應該考慮到。你應該從以下幾個角度來對這些目標進行考察：

- 提升顧客忠誠度。
- 激發員工的熱情，讓他們釋放出潛藏的能量。
- 對廠商、經銷商、合作夥伴和投資人產生正面的影響。

組織策略篩選：想想這些目標對組織的整體策略有什麼影響，它們是否：

- 對組織的任務或目標有直接幫助。
- 有助於加強組織的核心能力。
- 增強組織的市場競爭力。
- 增加組織的競爭優勢。

你可以問問自己，為了推動我們的策略，什麼才是最重要的事情？

經濟效益篩選：一個非常重要的目標必須以直接或間接的方式，對組織的整體經濟效益作出貢獻。問問自己，在所有目標中，哪些會產生最大的經濟效益？以下是一些需要考慮的因素：

- 增加收入。

- 減少成本。
- 增加現金流量。
- 提高收益率。

即使在非營利組織中，經濟效益的問題仍然十分重要，因為每一個組織都必須有足夠的現金才能生存。

用利益關係人的利益、組織策略和經濟效益篩選法對這些目標進行檢測，你會發現每一個目標後面都有明確的原因。

我認為，除非把組織的策略計畫分解，轉化成兩個或者三個「非常重要的目標」，否則這個策略計畫就是模糊的、抽象的。所有的利益關係人，不論他處於組織的哪一個層次，都應該參與、確定這些目標，他們的追求才會更執著，並了解每個目標背後的原因。

要素二：建立有督促作用的記分板

記分板使你可以利用一個基本原理：當你不斷為員工打分數時，他們的工作表現就會完全不同。

你一定看過有人在街頭打籃球、玩曲棍球或踢足球，當他們只是隨便玩玩並不計分時，往往想做什麼就做什麼，比如中途停下來說說笑話，注意力並沒有十分集中。但如果他們開始計分比賽，情況就不同了，球賽立刻變得激烈，隨時有新的情況出現，參賽者也能迅速調整。比賽的速度和節奏明顯加快。

工作也是如此。如果沒有明確的標準去衡量成功與否，員工就不能肯定自己的目標到底是什麼。沒有衡量標準的情況下，一百個人面對同一個目標，會有一百種的理解，造成團隊一些成員脫離軌道去做比較緊急，卻不太重要的事情。他們的工作步調很不確定，也缺乏動機。

所以，為了實現你的策略計畫和重要目標，樹立一塊可以發揮督促作用且醒目的記分牌是至關重要的。

大多數工作團隊並沒有衡量成功與否的明確手段，也沒有辦法知道他們在執行關鍵任務方面究竟做得如何。

讓我們來想像一下記分板巨大的驅動力吧！它代表了一個無法迴避的現實，組織策略的成功與否要靠它，制定計畫時必須適應它的要求，時間安排也必須根據它調整。除非可以看見成績，否則你的策略和計畫就只是抽象的概念。因此你必須樹立一塊有督促作用的記分板，並且不斷顯示最新的成績。

如何樹立有督促作用的記分板？

樹立記分板的方式，是透過員工參與和統合綜效，找到衡量組織或團隊目標的方法，並讓所有的人看到。這塊記分牌應該清楚說明三件事：從什麼事情開始？到哪裡？到什麼時候？

一、列出你的首要任務或「非常重要的目標」，也就是你的團隊必須達成的目標。

二、為每一個重要目標樹立一塊記分板，其中必須包含以下要素：

- 目前的結果（我們現在在哪裡）。
- 目標結果（我們要到哪裡去）。
- 最後期限（到什麼時候）。

記分板可以是柱狀圖、趨勢線、圓形分格統計圖或者甘特圖。它也可以像是一個溫度計、計速器或者天平，這可以由你決定。不過一定要記住，記分板必須醒目可見並且隨時更新。因為結果先於方式，你可能需要考慮在記分板上註明一些衡量的方法。

三、將記分板張貼出來，根據情況讓員工每天或每週看一次。召開會議進行討論，並在出現問題時想辦法解決。

所有團隊成員都應該可以看到記分板，且常常看著它變化。他們應該一直談論這塊記分板，隨時想著它。

有督促作用的記分板，應該帶來街邊球賽開始計分時的效果。突然之間，節奏改變，員工的工作速度加快，談話的內容改變，人們會根據新出現的問題迅速調整，你也可以更準確和更迅速的實現目標。

要素三：將抽象的目標轉化成具體的行動

設定新的目標或策略是一回事，將這個目標轉化成實際行動，分解成具體的工作，則完全是另外一回事。寫在紙上的策略和真正付諸實施的策略，有很大不同。

寫在紙上的策略是要向員工傳達的策略；而真正付諸實施的策略，則是人們每天要做的事情。為了實現以前從未實現過的目標，你需要開始做一些從未做過的事情。領導人知道組織的目標是什麼，並不意謂著第一線的生產者知道應該做什麼。只有團隊的每個成員都清楚知道自己應該做什麼，團隊目標才可能實現。

要素四：讓員工互相負責

在最有效能的團隊裡，人們經常開會討論，每月一次，每週一次，甚至是每天一次；說明工作任務，查看記分板，解決問題，並決定如何互相支援。除非團隊成員之間一直互相負責，否則工作從一開始就註定要以失敗告終。

在九一一事件後，重振紐約市的市長朱利安尼（Rudolph Giuliani）就與他的手下每天舉行晨會。這樣做的目的，是每天對那些關鍵目標的進展做出說明。團隊至少應該每週舉行一次會議，否則就會偏離正確的軌道，失去關注的焦點。

有效率的責任會議

一個可以賦予自己權力的團隊，可以透過經常性的責任會議，不斷集中成員的注意力。這種責任會議與一般的員工會議不同，在一般的員工會議上，人們總是漫無邊際的談論任何事，並且盼望會議早點結束，好回去工作；有效率的責任會議，則是把團隊的關鍵目標向前推進。

有效率的責任會議有三個特徵：經過篩選的報告、找到第三種解決方案和清除障礙。

經過篩選的報告：在醫院的急診室裡，你經常會看到這樣的告示：急重症患者優先治療。醫護人員首先會對病人進行篩選，然後再按照病情的輕重緩急安排治療。這就是為什麼醫師會先治療頭部受傷的患者，而手臂骨折的病人則必須耐心等待，雖然他可能比那位頭部受傷的患者先到急診室。

篩選報告的意義也是這樣，每個人只要言簡意賅的報告幾件最重要的事情，而那些相對不太重要的事情，則留到以後再說。他們應該關注重要的結果、主要的麻煩和高層次的問題。

找到第三種解決方案：在有效率的責任會議上，與會者會集中精力討論如何實現團隊的關鍵目標，而主要原則是：我們以前從未實現過的新目標，要求我們做一些以前從未做過的事。

這意謂著不斷尋找新的、更好的方式去實現目標。這就是為什麼我們必須找到「第三種解決方案」，它是一種比我的辦法，或者你的辦法都要好的行動方案，也是集體智慧的結晶。

只有尊重團隊成員之間的差異和多樣性，才能獲得統合綜效的作用，也就是團隊成員在對團隊的任務、願景、重要目標和價值判斷標準有共同看法的前提下，可以存在個體之間的差異。在這種責任會議上，你會看到人們集思廣益，展開富有創造性的對話。

清除障礙：有效率的領導工作包括清除進度上的障礙、調整組織目標和制度，讓其他人可以實現他們的目標。

在一個真正的「雙贏協定」達成的過程中，管理者應該負責清除障礙，做一些只有他才能做的事情，使員工能實現目標。當然，為其他人清除障礙，並不只是管理者的工作，所有人都應該這麼做。

上述的四個執行要素代表一套方法，它可以將一種原本只有高手才能掌握的、充滿變數的東西，變成可以預測的、可以教授給別人並且能夠重複的東西。我們已經透過研究和經驗得知，當團隊、單位或組織能實踐這四個要素時，他們執行重要任務的能力，總是一而再、再而三的大大提高。然後，執行被制度化，不再是憑運氣或靠某一位領導人的影響而完成事情。再進一步，執行文化的建立，關鍵就是定期評量。

執行智商（xQ）

組織需要一種新的方式，展現及衡量他們掌握關鍵和執行的能力，我們稱這種方式為執行智商。就像智商測驗能發現智力上的缺陷一樣，執行智商評估衡量的是「執行缺陷」，也就是設定目標和實際達成目標之間的差距。執行智商的結果，可以判斷組織執行最重要目標的能力。

你不必再等待那些落後的指標來告訴你是否已經成功。請你的員工回答二十七個精心設計的問題，只需花費大約短短十五分鐘時間，你就可以得到這個主要指標。

你能想像每三到六個月就從基層開始，進行自下而上的執行智商測試，會取得多麼神奇的效果嗎？這種測試可以準確的呈現出，組織集中精力關注重要任務和執行的情況。

這種測試既可以透過正式的方式進行，也可以透過非正式的方式。事實上，組織文化愈成熟，以正式和非正式方式所蒐集的資訊間的差異就會愈小。然後，根據執行智商測試的結果，來自基層的強大組織文化驅動力，將幫助各個部門調整目標，而使組織可以集中關注和執行最關鍵的任務。這將把知識時代模式推進到智慧時代。

希望你現在可以開始了解，第八個習慣，換句話說是：「使用充分授權的知識工作者及其全人思維的模式，並將七個習慣（個人卓越）、領導的四項職責（領導卓越）和執行的六個原則或驅動因素（組織卓越）應用於該模式中。」

問題與解答

一、你所提出的好的雙贏協定的五個要素，與執行的四大要素之間有什麼差別？

從最基本的原則層面來看，沒有什麼差別，差別在於描述和解釋的方法不同，執行的四個要素被提到的情境也不同。一個好的雙贏協定的五個要素是：（一）希望的結果；（二）指導方針；（三）資源；（四）負責；（五）結果。

「希望的結果」與「指導方針」基本上包含在執行的前兩個要素裡——專注於最重要的事和樹立有督促作用的記分板。

正如前面討論過的，結果和方法是不可分割的；因此，如果按照以原則為中心的方式進行，專注於最重要的事和取得希望的結果，可能是交織在一起的。

雙贏協定的第三個要素「資源」，隱含在執行的第三個要素裡：將抽象的目標轉化成具體的行動。雙贏協定的第四和第五個要素「負責」和「結果」，則明確的包含在執行的第四個要素裡：讓員工互相負責。

15

利用內在聲音為他人服務

我相信，提供有用的服務是人類共同的職責。只有在無私奉獻的純潔之火中，自私的渣滓才得以清除，人類靈魂的偉大之處才得以自由展現。

——企業家　洛克菲勒（John D.Rockefeleer,Jr.）

「發現內在的聲音」和「激勵他人尋找內在聲音」的內心本能，被一個偉大的總體目標所驅動：滿足人類需要。它也是實現這兩個內心本能的最佳手段。

如果不伸出手來滿足人類的需要，那麼我們實際上並沒有擴大和發展自己選擇的自由。當我們為他人做出奉獻，自身也能獲得更大的發展。當我們試圖與他人共同服務於自己的家庭、別的家庭、某個組織、某個社區或其他一些人類的需要時，我們的關係也隨之改善和加深。

組織的成立，是為了滿足人類的需要，它們的存在，並沒有其他任何理由。格林里夫曾寫過一篇名為〈僕人機構〉（The Institution As Servant）的好文章，把服務的整個概念用於組織。

世界企業學會（World Business Academy）的創始人之一哈爾蒙（Willis Harmon）用下面的話來表達他對企業的看法：

> 企業已經成為這個世界上最強大的組織。在任何的社會裡，占有優勢的組織都要負起對整個社會的責任。但是企業還沒有建立這種傳統，這是一個沒有被充分理解和接受的新角色。
>
> 根據資本主義和自由企業的概念，人們從一開始就想當然的認為，由於能對各種市場

力量做出反應，並且受到亞當・史密斯（Adam Smith）所說的「看不見的手」的引導，許多個別企業的行為綜合起來，都會帶來人們所希望的結果。但是在二十世紀的最後十年，人們已經清楚地認識到，「看不見的手」正在失去作用。它所依賴的是如今已經不存在的意義和價值觀。

因此，企業必須樹立一個在資本主義歷史上從未有過的傳統：分擔整個社會的責任。企業所做的每個決定、所採取的每個行動，都要根據這種責任來進行判斷。

我相信這一個千年將成為「智慧時代」。它的降臨不是依靠使人們自慚形穢的客觀事實，就是透過良知的力量，或者可能是兩者兼而有之。

而在每次基礎結構改變的時候，超過百分之九十的人最終都會被裁減。我相信，在我們從工業時代走向知識時代的時候，同樣的事情也正在發生。人們不是失去他們的工作，就是被新的工作要求逐步改變。我個人認為，當前的勞動力中有超過百分之二十的人正在遭受淘汰，除非人們自我調整和改造，否則不出幾年，另外百分之二十的人也將被淘汰。

因此，我們需要透過自我教育和培訓來與時俱進。這個過程很多時候要碰過釘子後才能實現，但是洞察現狀和嚴格自律的人將有系統的持續學習，直到獲得應付新時代所需要的心態和知識。

智慧在哪裡？

我們知道資訊不是智慧。我們也知道，知識不是智慧。

許多年以前，我在一所大學教書，同時也在攻讀博士學位。有一次我去拜訪一位朋友，他也是我的教授。我告訴他：「我想寫一篇關於動機和領導力的論文，它是一篇哲學性的論文，不是以經驗為根據的研究。」

他大體上是這麼回答我的：「你所知道的東西，甚至還不足以讓你提出合適的問題。」換句話說，我的知識雖然在某一個水準之上，但是如果我想去處理那些我要處理的問題，我所需要的知識遠遠超出原有的水準。這使我感到非常痛苦，因為我已經全心全意準備好要用哲學方法來做研究，而不是用科學方法。

我最後還是選擇了後者。我本來認為，我在大學和研究生的階段，都已經非正式的訓練過用哲學方法處理問題，這些訓練加起來已經足夠了。在多年以後我才發現他是如此的正確。那是一次使我謙卑的經歷。

那次教訓，使我在以後若干年裡獲得了許多珍貴的學問和見識。最後我們了解：「你知道得愈多，你就愈發現自己的無知。」

隨著知識不斷增長，你的無知顯然也擴大了，至少你更知道了自己的無知。如果你想實現在你知識範圍之外的目的，也就是在你「舒適範圍」之外的目的，情況會如何？你將會產生真正的謙卑，並且渴望從別人那裡獲得幫助。成功的與他人合作，不僅使一個人的知識和能力富有成效，而且是創建一個互補團隊所必須的。

讓我們進一步了解智慧。智慧是誠信的孩子，而誠信又是謙卑和勇氣的孩子。實際上你可以說謙卑是所有美德之母，因為謙卑意謂著，承認世上還存在著統治宇宙的自然規律和原則。是這些法則在掌管一切，不是我們。如果謙卑是智慧之母，那麼勇氣就是智慧之父。因為有時候原則會與社會的風俗、規範和價值觀發生衝突，要在這個時候仍然真正堅持這些原則，需要巨大的勇氣。

下頁圖呈現出這「祖孫三代」的關係，同時也呈現出它們之間的對立面。

你可以看到誠信有兩個孩子：智慧和富足心態。智慧屬於那些教導並且遵循良知的人。富足心態的產生是因為誠信帶來了內心的安全感。當一個人不依靠外在的評判和比較，來感受個人的價值，他就能真正為別人的成功感到高興。

智慧和富足心態產生本書所提到的種種思維模式，引導人們相信別人，肯定別人的價值和潛力，並從鬆綁而非控制的角度來進行思考。智慧和富足心態的結合，尊重人們選擇的能力，也尊重動機是內在因素的這一事實。

因此具有這種結合的人不會試圖去管理、控制或者逼迫他人。他們對所有事物滿懷感

以原則為中心的生活方式——三個世代

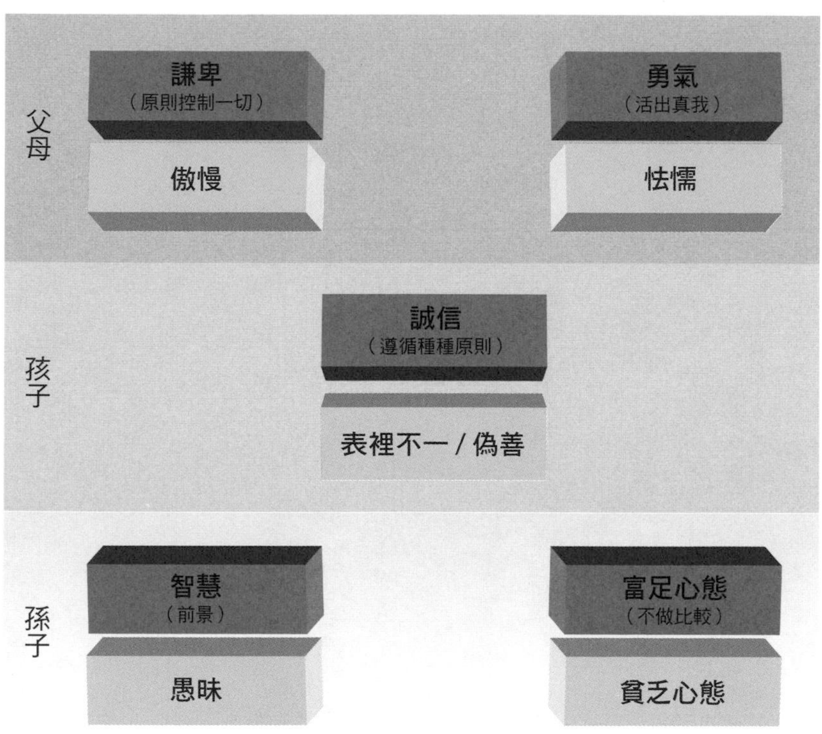

激、崇敬和尊重之情，把生活視為一個充滿資源的「聚寶盆」，特別是帶來機會和持續增長的人力資源。

道德權威和服務型領導

智慧是對知識的有益利用，是資訊和知識與更高層次的目的、原則的相互結合。智慧教育我們尊重所有人，頌揚差異，遵循對所有人都適用的一項道德規範——服務高於自我。道德權威是「首要的卓越」（品格力量）；形式上的權威是「次要的卓越」（地位、財富、才智、名望）。

道德權威是通過遵循原則而獲得影響力；道德統領是通過服務和貢獻而實現的。權力和道德至尊來自謙卑，最卓越的人就是所有人的僕人。道德權威，也就是首要的卓越，是通過犧牲獲得的。

從我的一般經驗來看，那些真正偉大組織的高層人物，都是服務型的領導者。《基業長青》（*Built to Last*）和《A到A⁺》的作者柯林斯，就「是什麼原因，促使一個僅僅是優秀的組織成長為一個真正卓越的組織」這個問題展開五年的研究。他那深刻的結論，應該能夠改變我們思考領導問題的方式。下面是他對「第五級領導」的描述：

那些最有革新能力的執行長，擁有一種把個人謙卑和職業意志結合起來的看似矛盾的品格。他們既羞怯又兇猛，既靦腆又無畏。他們非比尋常，而且不可阻擋……如果沒有第五級領導人在掌舵，從優秀到卓越的革新就不會發生，絕對不會。

當擁有形式權威的人，除非不得已不去使用這些權威和權力時，他們的道德權威將增強，因為他們顯然已經放下自我和職權，轉而講道理、進行勸說、表示友善和同理心。當組織出現巨大的混亂，面臨存亡關頭，這時候就需要領導人運用形式上的權威，使組織達到一個新層次的秩序和穩定，或者形成一個新的願景。然而在大多數情況下，當人們過早運用形式權威時，他們的道德權威將減弱。

通常你會發現，擁有很高道德權威的人最終會獲得形式權威，例如南非之父曼德拉。但也不總是這樣，例如印度之父甘地。

幾乎在所有情況下，你會發現擁有形式權威並根據原則運用這種權威的人，會看到自己的影響力大幅增強，例如美國國父華盛頓。

為什麼道德權威能大幅增強形式權威和力量呢？人格力量會讓他人產生正義之心，在情感上認同領導人和他所代表的事業或原則。這樣一來，當形式權威或職權被運用的時候，人們會由於正當的理由而跟從領導者，這是出自他們真正的投入，而不是出於害怕。

以道德改變南北戰爭

在軍事戰爭史上有關道德權威者的故事當中，再沒有比美國南北戰爭英雄張伯倫更令人鼓舞的了。張伯倫是鮑登大學（Bowdoin College）的教授，在公休長假時，回應了林肯發出的號召——為聯邦軍隊招募更多志願兵。他寫給緬因州長的信被接受了，他也隨之入伍，很快就在軍隊中平步青雲。

張伯倫最著名的事蹟可能就是在葛底斯堡（Gettysburg）戰役期間，在小圓頂（Little Round Top）山上展現的勇敢和領導力。他的命令是穩住聯邦軍隊的最左側戰線，並且不讓正在進攻的南部邦聯軍隊從側面包抄。他和部隊一直堅守戰線，直到彈藥用盡。他拒絕放棄，並下令裝好刺刀。用張伯倫自己的話來說：

> 在那緊要關頭，我下令裝上刺刀。這一句話就夠了，它像火焰一般，從一個人傳給另一人，並爆發成巨響。他們在喊聲中衝向離自己不到三十碼的敵人。結果，最前線的敵人紛紛棄械投降。我們堅守住右側戰線，並向左側推進。敵軍的第二條戰線也被衝破，他們向後撤退，在樹叢中作戰，很多人都被俘虜了。我們接著向右推進，直到橫掃了整個山谷，為幾乎整個大部隊的前線清除了敵軍。

許多人認為，正是在小圓頂山的這場勝利，改變了葛底斯堡戰役乃至整個南北戰爭。很多年以後，為了感謝張伯倫所做的一切，朋友和昔日戰友送了他一件禮物，一匹帶有白色斑紋的灰色公馬。他以一貫的謙卑接受了禮物，說：「我的犧牲和奉獻毋需別的回報，只要良心給每個盡職者的獎賞就夠了。」

堅持信念的總統

我曾有幸為前南韓總統金大中和他的顧問上課。課程快要結束的時候，總統問我：「柯維博士，你真的相信你教的那些東西嗎？」這個問題讓我有點手足無措，接著又使我清醒。我說：「是的，我相信。」然後他問我：「你怎麼知道你相信？」我回答說：「我試著按照這些信念生活。我知道我做得不夠，常常動搖，但是我總會回歸這些信念。我相信它們，受到它們的鼓舞。」

他答道：「對我來說，那還不夠好。」我說：「我最好還是聽你說吧。」他問：「你準備為它們而死嗎？」我說：「我覺得你要告訴我一些事情。」他的確告訴我一些事情。

他接著講述了在許多年裡被驅逐、流放、監禁和幾度被人試圖暗殺的故事，其中包括被人裝進一個放著石頭的袋子裡扔進大海，後來被美國中央情報局解救。他告訴我曾經有人逼他和北韓的軍人集團合作，甚至還有人要他當北韓總統，不過他拒絕了，因為他知道自己只會成為獨裁勢力的傀儡。他被威脅，如果不跟著他們走就會被殺，他的回答是：「那就殺了我吧，因為如果你們殺了我，我只會死一次，但是如果我和你們合作，我的餘生將是每天死一百遍。」

天賦、文化外衣及智慧

儘管我們擁有與生俱來的神聖天賦，但是「文化外衣」（cultural overlay）也會影響我們。交織在「發現內在的聲音並激勵他人發現他們的內在聲音」當中的那條主線，顯示了這種文化外衣是如何漸漸形成的。

若以電腦來比喻，它就像是軟體。正如一台極其強大的電腦必須藉由軟體來運行一樣，個人、組織和社會，也不能脫離文化慣例、規範和信仰來活動，除非你像第一章所提到的教授尤納斯一樣。

他對人的看法以及他的自律、熱情，都來自於良知，並且一直受到良知的驅動，直到舊的觀念，而且是家庭、機構和社會，那些僵化且禁錮思想的觀念被取代。這是一個表現克服成見和臆斷的絕佳例子。你能感覺到尤納斯的謙卑和勇氣如何帶給他誠信，誠信又如何帶給他智慧和富足心態。

你也能做到。你可以使第八個習慣，成為一種融合了知識、態度和技能的根深柢固的習性。只管聽從你自己的良知，它是智慧的源泉，看看你如何看穿下面各種人類需求層次上有缺陷的文化外衣。

在個人層面上，難道你不認為，人們希望得到心靈的和平以及良好的關係嗎？但同時，難道你不也認為，人們希望保留自己的習慣和生活方式嗎？那麼充滿智慧的良知如何看待這個問題？難道你不認為，一個人總得為了更崇高、更重要的目的，為了正確的目標犧牲自己想要的東西，贏得個人的勝利嗎？

再看人際關係層面上的難題。難道你不認為關係建立在信任的基礎上嗎？但同時，難道你不也認為，絕大多數人都會從「我」的角度考慮問題：我的希望、我的需要、我的權利？那麼智慧該怎麼判斷呢？難道它不是引導我們聚焦於增進信任的原則，引導我們為了「我們」而犧牲「我」嗎？

看看組織層面上的難題。資方希望犧牲更少，獲得更多，也就是以較少的成本獲得較大的生產力；員工希望用更少的時間和努力，獲得更多應得的東西。那麼，智慧會怎麼判斷呢？用「共赴使命」的方法如何？透過放棄控制或授權，來制定「第三種選擇」式的雙贏協定，讓勞資雙方共同釋放人類的潛能，以較小的代價獲得較大的成果。

你能看到在更廣闊的背景下，智慧如何解決這些難題，你能看到為什麼犧牲是如此不可少。犧牲意謂著為了更好的東西有所放棄，所以從真正意義上說，當你的願景很強烈的想滿足某種需要時，你不會稱之為犧牲，儘管旁觀者認為是。這種出自內心的犧牲，是道德權威的本質。

以原則為中心的模式解決問題

如果全人模式是準確的，那麼它能使你擁有非凡能力去解釋、預測和診斷你的組織裡種種大問題。

過去幾年，我曾要求全世界數十萬的人指出他們最大的個人挑戰，然後我請他們指出最主要的工作問題或與組織有關的問題。下表是其中一些最常見的回答，請注意它們與本書開頭所提到的痛苦之間的相似。

我再次自信的說，你能夠迎接這些與個人或組織有關的任何挑戰。三個卓越的模式體現了本書中的原則架構。利用這個架構，你將知道如何解決問題。

隨便選一個你要面臨的挑戰，然後想想你可以如何利用本書的原則：在個人層面上，如何利用「願景」、「自律」、「熱情」、「良知」，以及「七個習慣」；做為一個領導者，

迎接挑戰

個人挑戰	工作／組織挑戰
1. 財務狀況，金錢	1. 工作量，最後期望—不能實現目標
2. 生活平衡，時間不夠	2. 時間和資源不足
3. 健康	3. 公司能否存活
4. 人際關係—配偶、孩子、朋友	4. 低信任度
5. 撫養和管教孩子	5. 失去權力
6. 自我懷疑	6. 變化和不確定性
7. 不確定性，變化	7. 趕上技術潮流
8. 缺乏技術	8. 迷惑—缺乏共同的願景和價值觀
9. 缺乏意義	9. 工作滿意度—工作無趣
10. 缺乏心靈平和	10. 老闆／主管缺乏誠信

如何利用「以身作則」、「探索方向」、「整合體系」和「充分授權」；在一個組織裡，如何在「使命」、「願景」和「價值觀」的大背景下，利用「清楚」、「投入」、「轉化」、「統合綜效」、「提高能力」和「責任」。你會發現在迎接挑戰的過程中，幾個卓越模式及其各種因素之間，存在著一種深層的生態關係和秩序。

進一步考慮一下全人思維（身體、心智、情感、心靈）的綜合力量。它牽涉到四種才能：身體才能（PQ）、智力才能（IQ）、情感才能（EQ），和

四種才能

	四種自然智力	四種品質	四項職責	
心靈（發揮影響力）	精神才能（SQ）	良知	以身作則	掌握關鍵
心智（學習）	智力才能（IQ）	願景	探索方向	
身體（生活）	身體才能（PQ）	紀律	整合體系	執行
情感（愛）	情感才能（EQ）	熱情	充分授權	

精神才能（SQ）：它代表了生命的四種基本動機（需要）：生活、學習、愛和發揮影響力；它代表了個人領導藝術的四種品質：願景、紀律、熱情和良知。最後，它還以四項職責：以身作則、探索方向、整合體系、充分授權的方式，代表了在整個組織（包括家庭）中的上述四種品質。

「發現內在的聲音」是一種總體大於各部分之和的協同概念。因此當你尊重、開發、統合以及平衡你品格中的四個部分時，你將被引導去發揮你的全部潛能，並且持續下去。

打開你的心扉，用全人思維進行思考。你會發現「打開心扉」這種說法是如此的強而有力。

從身體角度來看，透過適當的飲食和運動來保持血管的清潔，你的心臟也會變得強壯而健康。從情感上打開你的心扉，你將願意和其他人溝通，共同找出解決辦法，並且透過認真傾聽來了解對方。從心智上打開心扉，你就能不斷學習，視其他人為完整的人，這樣領導力就真正成為你的選擇。最後，從心靈中打開心扉，你的生活會被更高層次的智慧以及神聖的良知所驅動。這種良知的準則，就是透過服務他人而找到自我。

就像邱吉爾所說的：

對於每個人來說，生命中總會有一個特殊的時刻。這就像是，命運拍了一下他的肩膀，給他一個機會去做一件非常特別的事情，一件獨一無二而且適合他天賦的事情。那會是他的生命中最輝煌的時刻。如果他在那個時刻沒有準備好，或者不能勝任這個工作，那將是何等的悲哀！

最後的叮嚀

我的讀者，我堅信你擁有價值和潛力。我衷心希望，我已經把本書的種種原則向你闡述清楚了，讓你不僅看到了自身的價值和潛力，而且找到了你的內在聲音並激勵其他的

第八個習慣：最有效的擊球點

個人卓越
願景、自律、熱情、良知
七個習慣

第八個習慣
最有效擊球點
（4DX）

領導卓越
領導的四項職責
以身作則（七個習慣）、探索方向、整合體系、充分授權

組織卓越
使命、價值觀、願景
清楚、投入、轉化、統合綜效、提高能力、責任

人、組織和社區，去找到它們自己的內在聲音，從而邁向卓越的生活。

即使生活在惡劣的環境中，你也會發現自己內心的呼喚，選擇自己的回應。這是「生活在向我們召喚」，讓我們了解身邊人的需求之後為他們服務。

我的祖父理查茲（Stephen Richards）是影響我最大的良師之一。我對他的熱愛、尊敬和欽佩是無窮無盡的。他完全獻身於為他人服務，認識他的人都認為他是最有智慧的人。他曾與我分享一則生活的格言。懷著感激，我將以這則格言結束本書：

> 生活是一種使命，不是一種職業。我們接受教育、獲得知識，目的就是為了更好的代表上帝，以上帝的名義並根據上帝的意圖來履行生活的使命。

問題與解答

一、為什麼犧牲對於道德權威來說如此重要？

犧牲實際上意謂著為了更好的東西而有所放棄。實際上它甚至可以被稱為升級（up-leveling）。當一個人擁有一種超越自我的願景，一種把注意力集中於與心靈相通的重要事業或計畫的願景，那麼對於這種人來說，這不是犧牲。

「服務高於自我」是所有偉大宗教及哲學和心理學的基本道德準則。史懷哲說：「我不知道你們的命運是什麼，但我知道一點：你們當中真正幸福的人，是那些已經開始尋求並且知道如何服務他人的人。」

二、以前盛行的是TQM（全面質量管理）和品質，然後是充分授權，今天新的時髦術語是創新。明天又會是什麼呢？

我想會是智慧。

除非你在心中以及人際關係和組織文化當中講求原則，否則你無法建立高度的信任。如果沒有高度的信任，你就不能充分授權。當規則取代了人的判斷，你就不能營造一種革新和創造的氛圍；相反的，你會營造一種拍馬屁的氛圍。如果缺乏高度的信任及以富足心態為基礎的統合結構和體系，你也不會獲得TQM和質量。

我認為，資訊時代之後必然會是智慧時代，那時領導力的本質將是僕人領導。

三、我贊同以原則為中心的組織，可以把它推廣到社區嗎？

絕對可以。你可以聚集教育、商業、政府和其他領域中富有熱情的正式領導人，甚至包括那些雖然沒有形式權威，但是擁有強大道德權威並有著強烈興趣的人。如果你能使他們投身對整個社區和家庭進行七個習慣和領導四個角色的教育當中，那麼它所帶來的好處將會令人驚歎。我們已經在全球各地許許多多的社區展開這種活動。

二十個常見問題

一、我發現要改變自己的習慣幾乎不可能。這就是現實嗎？只有我是這樣嗎？

不只有你一個人是這樣，讓我來解釋一下原因。

你可能還記得或曾經看過，阿波羅十一號登月之旅的短片。當我們第一次看到人在月球上行走時，幾乎不敢相信自己的眼睛。你認為在這次太空之旅中，耗費最多能量的是哪一段過程？是飛向月球的二十五萬英里嗎？返回地球？繞著月球軌道飛行？登月艙和指揮艙的分離和對接？

答案是從地球起飛。在從地球起飛的最初幾分鐘內，也就是一開始的幾英里所消耗的能量，比此後幾天飛行五十萬英里所消耗的能量還要多。

最初幾英里，太空梭所承受的重力是非常巨大的。為了最終脫離引力控制進入軌道，需要的內推力要大於重力和大氣阻力的總和。不過一旦太空梭脫離了引力控制，要做其他事情就幾乎不用什麼能量了。

實際上，一名太空人曾經被問到，登月艙從控制艙分離出去並降落在月球進行探測，花費了多少能量，他回答說：「比嬰兒的呼吸還要少。」

月球之旅提供了一個絕佳的比喻。地球的重力可以比喻根深柢固的習慣，也就是受基因、環境、父母等因素影響而形成的種種傾向。地球和大氣的重力，可以比喻我們所處的社會和組織氛圍。這是兩股非常巨大的力量。

為了起飛，你必須擁有一種比這兩股力量都強大的內在意志力。但是一旦你起飛，將驚喜的發現它帶給你的自由。

如果你決心開始執行第八個習慣，而且持之以恆，你將擁有這種新習慣的力量。

二、我對你教導的東西非常著迷。但另一方面，我懷疑自己是否真的能做到。

處理這個能力問題之前，你應該先問其他兩個問題。

第一個問題是，我應該做嗎？這是價值觀的問題。第二個問題是，我想要做嗎？這是動機的問題，與你個人獨有的內在聲音和熱情有關。如果你能肯定回答這兩個問題，那麼再看這個問題：我能夠做嗎？這是一個能力問題，與接受合適的培訓和教育有關。不要把這三個問題混淆了。

好好想想這三個問題：我應該做嗎？我想要做嗎？我能夠做嗎？把問題分清楚，你就能找到最好的出發點。

三、為什麼領導藝術在今天是一個熱門話題？

新經濟主要建立在知識工作的基礎上。這意謂著財富已經從金錢和物資轉向了人；人力既是智慧性又是社會性的資本，是增強和優化其他投資的關鍵。而且，工業時代的管理控制方式，和把人力視為成本支出的體系，也由於市場的競爭因素，而變得愈來愈陳舊甚至功能失常。

人們愈來愈能體認到，人的因素，特別是信任程度，是所有問題的根源。這就是領導做為最高層次藝術的原因，它是一種充分授權的藝術。

四、這些想法對我來說顯得非常理想化和道德化，真的有可能嗎？

你需要問自己更進一步的問題是：在刺激和反應之間是否存在著空間？換句話說，我們是否在任何環境中都真正擁有選擇的能力？如果你能坦白的回答「是」，你將會明白理想主義其實就是現實主義。

你不能「看見」今天的電子奇蹟，但是你在依靠這些奇蹟，並且知道它們是真實的。在它們被發現以前，它們不是「真實的」，只是理想化的東西。當你說這些想法太道德化時，暗含著你有是非的判斷，如果你選擇了正確，那麼後果將和選擇錯誤不一樣。這就是為什麼本書的觀點既理想化又道德化，而且兩者都非常真實。

五、你說文化上的道德權威是最高級的道德權威，為什麼？

以美國的「獨立宣言」為例。宣言中的觀點代表了願景性的道德權威，而「憲法」則嘗試把這些價值觀制度化，例如「人人生而平等」，以及「造物者賦予他們若干不可剝奪的權利，其中包括生命權、自由權和追求幸福的權利」。

「憲法」體現了「獨立宣言」中的願景和價值觀。「獨立宣言」提到了「人人」，但是婦女曾在數十年裡沒有投票權；許多開國者家裡都有奴隸，「解放宣言」要在八十多年後才獲得通過；而且直到今天，部分地方還存在嚴重的種族偏見。

文化上的道德權威總會比制度化或願景性的道德權威發展得慢，但是到最後，它將是建立和諧社會的關鍵因素。這個關鍵因素並不存在於政府，也不存在於個人或商業組織。

它存在於那些已經選定了共同的意義和價值觀，並把它們真正融入內心的個人群體和組織群體。這一層次的志願精神將產生一個「公民社會」，一種更高層次的第三種選擇。

六、你說我們面臨的基本問題之一，就是在知識時代使用工業模式，但是我們不還是一個工業化國家嗎？到處都能看見工業。

沒錯，但是在各種工業行業裡，愈來愈多可創造附加價值的工作，都是由知識工作者完成的，而不是勞力工作者。因此，我們不是在討論消滅工業，而是在討論在這些工業裡面使用不同的領導模式。

我們更多是在討論一種精神的架構，而不是一種物質的環境。

七、獨裁文化是如何產生共同依賴的？

可以從下面的角度思考。如果有一個控制一切的獨裁領導者，他的下屬會做什麼？大多數人將被動的聽從；他們會等到別人告訴他們怎麼做才去做，並且只做被要求的那些事。這種行為認可了獨裁領導人的做法，也證明了下屬的被動是正當的。這些將使人們失去能力和才智，變成可以管理或控制的物體，最終滋生一種政治化的逢迎文化。

這種狀態也將產生許多病態的一致意見，人們真正想說不的時候，嘴上會說是。它消除了健康的衝突，並帶來怨恨、憤怒、惡意的遵從，以及低信任、低品質。然後獨裁者會採取一些方法、程序和步驟，使規則開始取代人的判斷。所有這些舉動更加使領導力成為一種職位，不是一種選擇；它成為了文化基因的一部分。

只有一種人能打破整個循環。認為領導力是一種選擇的人，會開始像尾舵那樣推動一個更大的影響範圍，會打破這種自我實現的墮落循環。

這種領導力代表了道德權威，它源自選擇了遵循原則，並且幾乎總是牽涉了某種形式的犧牲。但是在自由市場經濟裡，它終將取得成功，因為它很實用，它有效，能夠以較小的代價產出較多的東西。

八、在一個狀況不佳的經濟體系中，或者說，在一個狀況佳的經濟體系中的衰落行業裡，又該如何運用這些原則？

那更應該運用了，因為在面臨困境的時候，最重要的資源就是能夠想出第三種解決方案的創造力。雖然，人們會傾向於回到崇尚命令與控制的工業時代模式。從長遠看，這種模式不是可持續的。

在短期的危機情況下，大家都希望生存，這時獨裁式的方法可能會帶來轉機。正如艾森豪將軍曾經說過：「你不能對著散兵談民主。」但是到最後，你還是需要讓每個人都積極參與，使那些重要的轉變能夠持續，這就需要讓人信服的道德權威領導力。

九、如何把七個習慣和領導的四項職責連結起來？

別忘了，七個習慣是以原則為基礎的。七個習慣是確定你是誰，以及你是什麼的品格原則；而四項領導職責是你為了發揮領導影響力所做的事。

當你把七個習慣放在四項職責的大環境中，它們就成了以身作則的角色。這使七個習慣變得非常重要，因為它們是你扮演其他三個角色時的基礎。七個習慣所包含的那些原則就像一股深泉，或者是地下蓄水層，它們將為其他所有的地面水源供水，例如TQM（全面質量管理）、創建團隊、創新等等。

十、公司裡個人的醜聞經常使企業受到牽連。這使得有關品格的話題成為焦點。你是如何發展個人和文化品格的？又如何避免這種問題？

我曾有機會了解三浬島核電廠事故、羅德尼．金（Rodney King）案件引發的暴動，及「埃克森瓦爾迪茲號」（Exxon Valdez）油船漏油事件。我發現所有這些災難都清楚的體現了一種深層的文化現象：人們會做錯事，關門停業，忽視問題，受人揭發，然後被媒體曝光。它們只是類似事件的冰山一角。

我想這是所有組織都應記取的寶貴教訓。再想想對你來說最重要的東西：你的願景和價值觀體系。重新審視一下所有的程序、做法、結構和體系，看看它們有沒有使你的願景和價值觀制度化。

意見回饋系統應該能夠反映出顧問、供應商、顧客和整個價值鏈的真實判斷。對於你一手造成的問題，你不能說與自己無關。最終，一切都會有定論。

忠實不應該成為比誠信更崇高的價值觀；實際上，誠信就是忠實。就像儘管你不願意聽，卻也希望醫師對你說實話，你希望醫師對專業的忠實，成為對你忠實的最高形式。這對於你的組織也一樣，把你自己看作一個專業人員，你最高形式的忠誠即是忠於道德和職業的原則，不是你的組織。這是忠於組織最聰明的方法。

十一、公司縮編後，如何保持積極、高度信任的文化氛圍？

為什麼公司縮編後，組織氣氛會惡化？那是因為沒有堅持原則，人們沒有參與，不了解情況，不知道會不會再發生同樣的狀況。他們不了解決策的標準，沒有從經濟的角度了解所處的行業、市場和公司。

很多成功的組織都曾經經歷需要做出艱難決定的非常時刻，但是它們能夠堅持原則的處理問題、渡過難關。透過透明和公開的溝通，真誠和有意義的參與，透過堅持一系列基於原則的固定價值觀，那些受到負面影響的個人及其家庭就會知道，這個組織已經為他們的利益做了足夠的努力，如此，組織裡的善意就會真正增加。

十二、我們組織會安排發展領導力的課程、業餘培訓、特別會議等，這些都讓人鼓舞和振奮。但是幾天以後，一切就回復老樣子。對這狀況你有什麼建議？

了解而不去做就是不了解。面對新而重要的知識和技術，你會暫時受到鼓舞和激勵，但除非運用它們，否則就無法真正了解。如果所處環境中的結構和體系沒有提供、鼓勵你運用，你就不會運用它們，也不會了解它們。最終，這些經歷會帶來負面效果，在整個組織文化中滋生一種懷疑和譏諷的風氣。

希望改變的種種努力，以及那些管理學新名詞都會像棉花糖一樣，甜美一時，然後無影無蹤。改變的關鍵是要獲得這些知識原料，根據它們進行教育和討論，並嘗試把它制度化，把那些基本原則融入日常的工作程序和獎勵機制當中。

十三、如果這種方法無法產生作用，該怎麼辦？

如果人們不運用它，它就不會產生作用。運用並沒有什麼特別技巧，只需要深切的投入、耐心和恆心，特別是要從一種思維模式和技巧模式轉到另外一種時。

十四、假設已經領會了這些變化，要推動變革的最好方法是什麼？

如果你正在開車，腳放在煞車上，向前移動最快的方法是什麼呢？把油門一踩到底還是鬆開煞車？顯然，是鬆開煞車。同樣，組織中有推力也有阻力。

推力通常是邏輯的、經濟的現實因素，這相當於把油門一踩到底。阻力通常是文化上的、情感上的因素，這相當於煞車。透過第三種選擇和協同溝通，阻力可以轉化為推動力。由於這種參與和投入，你不僅取得重大進展，而且這些進展在文化上是可持續的。

十五、這些觀念真的創新嗎？我從小就聽說過了，在歷史中也到處能看見。

確實如此。我可以進一步說明你的意思。實際上，由於擁有了一個以原則為中心的憲法和自由市場，我們可以在美國看到人類潛能的釋放。占世界百分之四．五的人口產出了世界將近三分之一的商品，這證明了這些模式和原則能夠產生巨大的效果。別忘了，原則是普遍、永恆的。

將這些重要原則學得最好的是農人，因為他們是那麼接近自然和自然法則。他們知道，沒有灌溉，就沒有收穫。人不能對土地使用臨時抱佛腳的方法，但是在學校這種由人組織起來的機構中就會有人試圖這樣做。此外，具有競爭力的優秀運動員也不存在臨時抱佛腳的情況。要成為競爭者，必須付出代價。

普遍的道理並不是普遍的行動。這就是為什麼要重新認識、重新投入和重新恢復品格道德及基於原則的領導力。

十六、這些題材是以研究為基礎的嗎？

如果你指的是雙盲實驗方式（註：double-blind，一種讓受測者較能做出客觀評估的實驗方式。例如，藥物測試上，讓病人與醫師雙方都在不知使用何種藥物下進行測試，使兩造不受先入為主觀念影響。）、經驗性的研究，那麼不是——除了我們科學性的執行差距研究外。如果你指的是歷史分析、文學評論和對廣泛的行為研究進行吸收，那麼是的。

十七、哪些組織是體現這些觀點的模範？

你會在各行各業中找到這種模範，它們無處不在：像A.B.庫姆斯實驗中學（A.B.Combs School）和美國聖塔菲號潛艇這樣的組織到處都是。

檢驗它們的試金石是：組織的授權情況如何？它們是否關注並執行了組織的當務之急？《A到A+》一書探討過的公司，都是已經充分授權的組織。它們擁有謙虛而極其堅定的領導人，並且實現了高層次的充分授權。當然，充分授權也不是全部的答案。把執行、策略及市場統合起來，需要非常強的判斷力。為了在通向卓越的道路上長盛不衰，除了需要長期吸引和培養最好的人才，把領導道德準則融入文化的基因中之外，還要有大量的個人道德權威、願景性的道德權威、制度化的道德權威和文化的道德權威。

十八、從根本上來說，這些都是宗教觀念嗎？

原則確實有著道德和精神上的基礎，但是它們不屬於某種特定宗教獨有的。我曾在全世界不同的宗教環境中尋找過這些原則，並且摘錄了不同的經文；原則真的是普遍和永恆的。當你讓世界上任何地方、任何組織層次的人深入參與制定他們的價值體系時，他們所表現出來的力量是巨大的，這讓我非常訝異。

當存在著真正公開和協同配合的精神，當人們能夠真正得到相關資訊，那麼所有選出來的價值觀在本質上都會變得一樣。它們會使用不同的語言，會出現反映這些價值觀的不同實踐行為，但是最基本的精神，都是兼顧本書通篇所講的人的四個層面——身體、心智、情感和心靈。

十九、我沒有勇氣也沒有耐心。我要改變是不是太晚了？

實際上，我發現人們之所以懷疑這些觀點的有效性，根本問題不是這些觀點本身，而是他們懷疑自己。

我能說的是，每個人都可以慢慢開始，在一些小事情上承諾自己並且遵守這些諾言。讓良知引導你做出承諾，一旦做出承諾，無論是怎樣微不足道都要遵守。漸漸的，你的榮譽感將戰勝情緒。隨著自制感、自控感、安全感和能力不斷加強，你就能做出更大的承諾並且遵守，進入新領域，離開你的「舒適範圍」，主動做出更多的事情。

想一下中國竹子的故事。

有一種特別的中國竹子，當你種植它的時候，前四年都看不到什麼成果。地面上只有一點竹筍，沒有別的。你除草、澆水、鬆土、施肥，但是什麼成果都看不到。第五年，這種特殊的中國竹子能一下子長到八十英尺高。在開始階段，所有的變化都在根部進行，一旦根深柢固，所有的成長就會轉到地面上進行，讓人看見，為那些懷疑它的人提供了證據。永遠不會太晚，生活是一種使命，不是一種職業。

二十、怎麼知道這本書中的觀點有效？

只有透過實踐才會知道，知道而不去實踐其實就是不知道。另外一個來源就是客戶、老闆、雇員或者顧客的實用效果證明，以及整個服務團隊和文化所回饋的好消息。

在最後的分析中，我更相信結合了良知分辨力的觀察和測量，能證明這些觀點有效。

絕大多數人在內心深處都知道應該以及不該做的事情，如果他們能夠根據這種認知來行事，最終，許多問題將得到解答，人們不僅是「學會」了答案，而且是「掙得」了答案。

附錄一

開發四種才能

——有效的行動指導

開發身體才能（PQ）

讓我們先從身體開始討論。因為身體是心智、情感和心靈的工具。如果我們能夠讓身體服從於靈魂，即讓慾望和激情服從於良知，我們就可以成為自己的主人。

我認為，開發身體智能的基本途徑有三。首先，聰明的攝取營養；其次，堅持不懈進行均衡鍛鍊；最後是適度休息、放鬆身心、進行壓力管理以防患未然。

這三種方法，得到了文明世界大多數人士的理解和認同。事實上，它們都是些常識。但是，普遍的認識並不等於普遍的行為，對以上三點都能身體力行的人真是少之又少。

聰明的攝取營養

大多數人都曉得自己該吃什麼，不該吃什麼，關鍵就在於均衡。

我很樂於承認自己並非營養專家，不過，跟大多數人一樣，我所接受的教育讓我體認到，進食較多的全麥食品、蔬菜、水果和低脂蛋白質，將強化我們的身體，包括免疫系統在內的各個系統。肉類最好少吃，如果吃的話也要選取低脂的。還有愈來愈多的研究顯示，常吃魚類大有裨益。儘量少吃或不吃含有大量飽和脂肪和糖類的食品，包括速食、加工食品和糖果。關鍵在於均衡和適度。千萬不要放縱自己狼吞虎嚥，最後一點，要大量飲水，一天六至十杯為宜。

每個人都必須決定，對自己而言怎樣攝取營養才算聰明。然而，我所篤信不疑的是，幾乎每個人都能從自律的成功中獲益良多。

堅持不懈，均衡鍛鍊

採取你所能堅持的方式，從點滴做起，每天鍛鍊一次，或者至少每週三至五次。可諮詢你的醫師，選擇一種你喜歡並且能滿足特殊需要和條件的鍛鍊方式。不時變換鍛鍊的方式，從而使你身體的各個部位都能更加強壯，同時避免因方式單一而使你日久生厭，熱情減退。

我個人每週有五至六天會進行有氧運動，三天做強化肌肉練習，並且一週有六天會做一種伸展運動或瑜珈以增強柔軟度。我還練習皮拉提斯（Pilates）以加強心臟功能。

每個人都必須根據自己的情況決定最為明智的鍛鍊方式。不過，需要重申的是，我相信身體的鍛鍊能提高我們的自控力和自制力，增加了我們刺激與回應之間的空間。

適度休息，放鬆身心，壓力管理，防患未然

壓力研究領域的偉大先驅塞耶博士（Dr. Hans Selye），在他的著作中將壓力分為兩種：消極壓力和積極壓力。厭惡工作、憎恨種種生活壓力，以及覺得自己處處受傷害都會產生消極壓力。積極壓力則來自於現實和理想之間的差距，所產生的正面緊張心理。

根據可靠的實際研究，塞耶博士說明了積極壓力如何對免疫系統有正面影響。總而言之，如果壓力是正面的，那麼我們就不該逃避，它將使我們變得更加堅強，更有能力。當然，這種壓力還必須由適當的休息和放鬆來平衡和調節，亦即所謂的「壓力管理」，或者更確切的說，是「積極壓力管理」。

塞耶博士解釋，女性壽命通常比男性長七年，這並非出於生理原因，而是源於心理因素，因為「女性永遠有做不完的事情。」

醫學界普遍認同的一點是，至少有三分之二的疾病，是由人們的生活方式所導致。這些選擇和營養攝取的習慣、吸菸、休息不足、娛樂太少、過分消耗精力等等，許多虐待身體的行為息息相關。很多人把各種疾病歸咎於遺傳因素，但是，誠如我們在先前提到的，

刺激與回應中間有一段空間。人們一旦意識到這個空間，就會明白疾病未必全肇因於先天不足。

忽視身體健康的結果

想想看，如果忽視了身體，其他三方面會如何？我們失去的可能不僅是健康，還將在思想層面上失去重心、創造力、耐力、韌性、勇氣、學習能力和記憶力。

一旦我們忽視了身體，成為慾望和激情的奴僕，我們的心智、情感和心靈，又會發生怎樣的改變呢？耐心、愛心、判斷力、同情心、傾聽的能力和憐憫之心，會拱手讓出控制權，沒有了身體的駕馭，它們只是虛幻的詞彙。

忽視身體的健康，靈魂和內心的平靜又會發生怎樣的變化？我們為他人服務和無私奉獻的熱情漸漸消退，不再甘願犧牲自我，而讓自己服從於更高的利益；我們的良知變得遲鈍，幾乎經不起任何一種誘惑。

身體上的自制和發展是基礎，而且是一件非常具體、可以馬上行動的事情。只要控制了身體的慾望，強化了身體智能，我們就能漸漸看到刺激與回應之間的空間縮短，以及隨之而來在思想、情感和靈魂上產生的一切積極變化。

開發智力才能（IQ）

我認為開發智力才能的方法有三：第一、持續，有系統而規律的學習和教育，包括個人專業以外的學習；第二、培養自覺從而讓假定更明確，跳脫框架和舒適範圍來思考問題；第三、教中學，做中學。

持續、系統而規律的學習和教育

那些不斷學習、成長、進步的人，能隨著不斷變化的現實生活而改變、適應和變通，因而在生活的各個領域都能隨遇而安。條件愈惡劣，人類的需要就愈明顯。我們的安全感不在於我們參加了哪個團體或是從事什麼工作，突破性技術輕而易舉就能割裂兩者的關係。但是，如果我們擁有活躍、積極、敏捷、不斷發展、不斷學習的頭腦，就能在任何地方「穩穩著陸」。大腦用得愈多就愈靈活，大腦對良知做出的反應愈迅速就愈聰明。

我堅信，我們應該讓電視遠離生活，重拾書本，廣泛而深入的閱讀專業領域之外的書籍。舉例來說，除了其他雜誌，我還經常閱讀《科學人》、《經濟學人》、《今日心理》（*Psychology Today*）、《哈佛商業評論》、《財星》及美國《商業周刊》。妻子常常鼓勵我閱讀小說、傳記及自傳，這些都是她的主要興趣，我覺得她的建議非常明智。

還有許多人送書給我，請我寫序作跋，而我從中學會了理性閱讀，亦即透過研究目錄和了解作者的風格，找出哪些部分是主旨或總結。如此一來，我便可以用一天左右的時間，掌握多本書的精髓。

另外一種十分有趣又有用的學習方法，是將你所聽到的意見或你所讀到的書，分解為四部分：議題、要點、論證、例證與故事。我發現，聆聽或閱讀時訓練大腦用這種方式思考，掌握和理解素材的透徹和準確程度，會讓人大吃一驚，你幾乎可以複述剛剛聽過的，而你對其理解之透徹，似乎比你實際所用的時間多了好幾倍。

開卷有益，大多數人都說他們太忙，因此抽不出時間來閱讀；然而，大量事例證明，人們有一半時間都花在不重要的事情上，雖說這些事情也許十分緊急。但是，一個人愈是嚴格要求自己將精力集中於重要的事務上，他就愈能強烈感受到內心深處燃燒的「是的，我要做」的熱情，而對所有無法避免的雜務愉快的說「不」，就易如反掌了。

培養自覺

自覺與四種才能有關，且是人類獨有的天賦。實質上，它是刺激與回應之間的空間的代名詞——你可以在此稍做停頓，然後做出一個選擇或決定。

毋庸置疑，透過努力理解並清楚表達隱含的假定、理論和模式來培養自覺，是最高層次的活動。由於我們總是在做出假定，而這些假定又非常含糊不明，透過還其明確清楚的原貌，我們就能夠學會跳脫框架進行思考。

且讓我用下面這個名為「九點測試」的小測驗來說明。即使你以前曾經做過這個測試，我還是建議你再做一遍，進一步證實認清假定和跳出框架思考的重要性。

請你先看第三四一頁圖1，筆尖不能離開紙面，畫出四條相連的直線，且須穿過下圖所示的所有九個點。

有困難嗎？如果有的話，再試一次，不過這次要跳出框架思考。當你跳脫框架，如圖2及3所顯示的那樣，把第一條線畫到框架以外，接著畫第二、第三和第四條線，就可以畫出解答了。

接下來再做另一個測試。畫一條直線，要通過所有九個點。現在，研究一下你的思維。你正做出怎樣的假定？一條直線能通過所有九個點，但你不能重新排列這些點。你的假定是什麼？（答案請見圖4）

再推薦另外幾種培養自覺的方法。我的女兒科琳大概有七十篇日記，裡面寫滿了種種想法，除了她自己，誰都不許看。寫日記使她能夠旁觀自己在生活中的一舉一動，並在這些所見所感的基礎上做出選擇。她已經有能力在片刻之間重新創造自己，就是因為她的自

九點測試

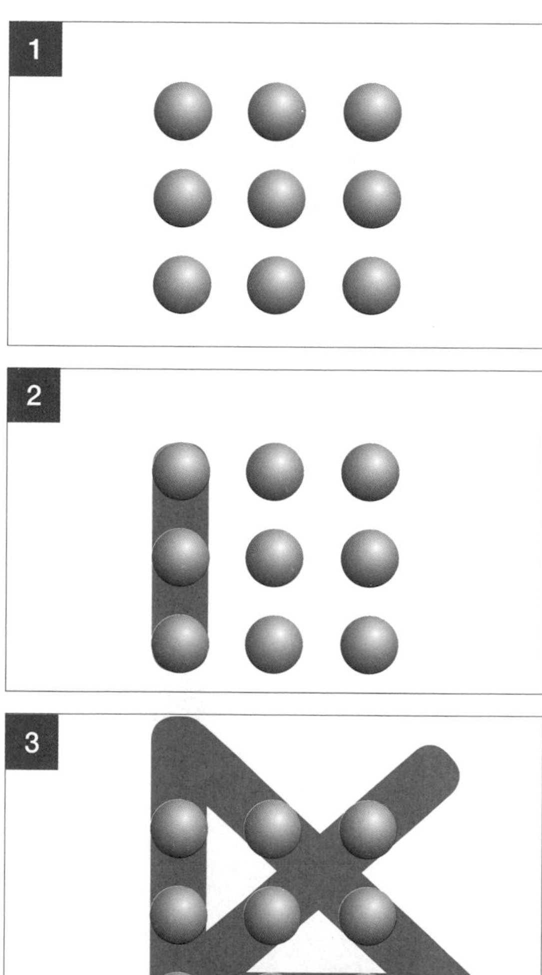

九點測試

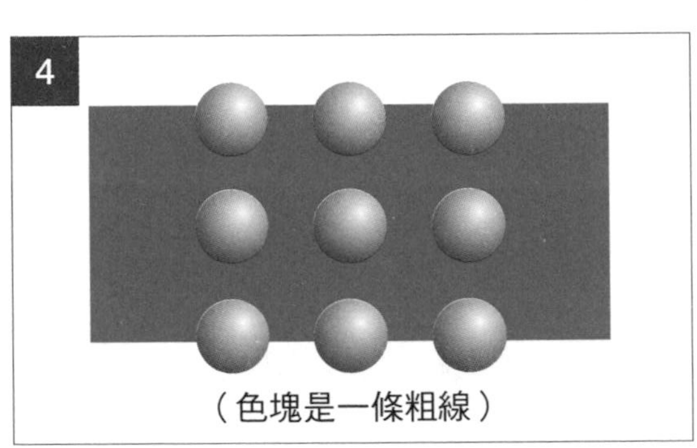

（色塊是一條粗線）

覺根深柢固而且十分強烈。我曾看見她在良知的指引下做出重大決定。

將思想付諸筆端的訓練並不輕鬆，但非常有效，且清晰明白。從失敗中記取教訓，就能反敗為勝。因此，從這個意義上來說，不一定非要有慘痛的失敗，只需在生活中充分利用學習經驗即可。

另一種獲得對自我、他人的認知及明確假定的有效方法，是徵求他人意見。我們全都有盲點，其中一些確實大大削弱了我們的績效。但是，如果能夠培養向他人徵求回饋資訊的習慣，我們成長和發展的速度將大大加快。

教中學，做中學

幾乎每個人都承認，向別人傳授知識時，自己學到的最多、最透徹，而在身體力行後，你的所學才能消化吸收成為自己的一部分。只有在實踐和應用的過程中，知識才能化為自己的一部分。

忽視智力開發的結果

我們生活在一個錯綜複雜、快速運轉的世界裡，市場和技術都趨於全球化。一種新型的、可能給整個世界帶來滅頂之災的恐怖主義，正在大多數人的心裡製造恐慌。形形色色的團體都在經歷價值觀念上的困惑和迷惘，家庭受到了前所未有的重視。而心智的力量，正是我們應對這些挑戰的武器。如果頭腦被忽視，那麼身體將自食其果。有人說過：「如果你覺得受教育太昂貴，那就嘗嘗無知的滋味吧！」不成長則死亡，這就是生命的道德規則。

如果忽視了智力的不斷開發，會對我們的情感及與他人的關係產生什麼樣的影響？我們會愈來愈受到無知和偏見的左右，先入為主，人云亦云。這可能導致我們的思想偏狹，甚至自戀和偏執。

如果我們停止學習，會對靈魂產生什麼影響？良知先是變得麻木，繼而愈發遲鈍，最後索性沉默不語，因為它本來是要不斷提醒我們去學習和成長。最後，我們不僅喪失了對生活的感悟力，同時也放棄了尋找內在聲音，而這兩者正是生命熱情的直接來源。

開發情感才能（EQ）

如果你仔細研究有關情感才能的資料，就會發現它先是提到從長期效果來看，情感才能意義非凡，接著提到能夠開發它。然而有意思的是，其中卻較少提到要如何開發。

情感才能的五個基本要素包括：一、自覺，即反思自己的人生，並通過這種自知來完善自我，克服或彌補弱點；二、個人動機，指的是能夠真正讓人興奮的事物，即願景、價值觀、目標、希望；三、自我調節，即控制自己朝著實現願景和價值觀前進的能力；四、表現同理心，就是了解他人對事物的看法和感受的能力；五、社交溝通技巧，即是如何消除分歧，解決問題，想出建設性解決方案，相互切磋、截長補短以實現共同目標。

藉助《與成功有約》一書來開發上述情商的五個部分是最佳的系統方案，這一點我深信不疑。下面這個圖表顯示了每一個習慣背後的原則或本質。

以七個習慣開發EQ的五個層面

讓我們以七個習慣來考慮情感才能的五個要素。

一、自覺

對選擇的自由和權力的認知，是「主動積極」這一習慣的核心。換言之，你意識到了

七個習慣的原則基礎

習慣	原則
❶ 主動積極	責任／主動
❷ 以終為始	願景／價值觀
❸ 要事第一	健全的人格／執行
❹ 雙贏思維	互敬／互惠
❺ 知彼解己	相互理解
❻ 統合綜效	創造性合作
❼ 不斷更新	更新

刺激與回應之間的空間，你意識到了生物基因遺傳特徵、所接受的教育，以及周圍的環境影響因素。與動物不同的是，考慮到這些因素，你可以做出明智的選擇。你認識到你就是、或者你能夠，成為自己人生中的創造性力量。這便是你所做出的最基本決定。

二、個人動機

個人動機是做出上述選擇的基礎，也就是說，你自己決定你的第一要務、目標和價值觀；這便是習慣二「以終為始」的本質內容。你首先要做出的，便是這個指導你整個人生的決定。

三、自我調節

自我調節是習慣三「要事第一」和習慣七「不斷更新」的另一種表達方法。換言之，一旦決定了何為第一要務，你就以此為根據來調整自己；這個習慣便是培養健全的人格、自制力，按照計畫行事；這個習慣要求你遵循自己的價值觀念，而後才能不斷更新自我。

四、表現同理心

習慣五「知彼解己」的前半部分講的便是表現同理心。表現同理心就是走出自己的小圈子，走入他人的思想和心靈，讓你在人際交往中做到敏於視聽、審時度勢，再努力獲得理解，影響他人，或做出決定、判斷。

五、社交溝通技巧

七個習慣中的習慣四、五和六，共同體現了社交溝通技巧。根據互惠互敬的原則思考問題（即習慣四「雙贏思維」），努力理解對方（即習慣五「知彼解己」），從而實現創造性合作（即習慣六「統合綜效」）。

忽視情感才能的結果

就忽視心靈的智慧之聲對身體產生的影響，「心能商數學會」（Heart Math）奇爾德（Doc Childre）和克賴爾（Bruce Cryer）做了如下描述：「當你感到沮喪、憂慮或心煩意亂時，智慧就會減弱。這類情緒干擾了心臟的規律跳動，降低了神經系統的效能。如果你每天做的第一件事是調節內心，則可節省時間和精力，」他們補充解釋：「如果我們的行為與內心深處的價值觀和良知背道而馳，免疫系統的功能就會減弱；而當我們感受和表達真摯的愛意和關懷時，免疫系統的功能就增強。」

在通往公眾成功的途中，如果忽視了情感智力的開發，我們將承受情感創傷和重重壓力，以及諸如憤怒、貪婪、嫉妒等消極情緒的困擾。

同時，身體會跟著遭受不良影響，免疫系統的功能將減弱，人們會有頭痛及各種身心疾病，變得鬱悶壓抑、漫無目的、精神難以集中，同時喪失了抽象、縝密的分析問題和創造性思考的能力。通常，人們會開始覺得無助、無望、處處受傷害，有時甚至絕望得想要自殺。這便是不斷強化與他人及自我的關係如此重要的箇中緣由。

開發精神才能（SQ）

提供三種開發精神才能的方法：一、培養健全人格，即忠於自己的最高價值觀、信念和良知；二、尋找意義所在，即擁有為他人和事業奉獻自我的意識；三、找到內在聲音。

培養健全人格——許下諾言和履行承諾

培養健全人格的最佳方法是從一點一滴做起，許下諾言並履行之。許一個諾言，也許這個諾言在別人看來可能無足輕重，對你來說卻是全心全意的付出。比如進行十分鐘的運動，不吃甜點，每天少看一小時的電視而以閱讀代替，寫信向某人表達感謝等。

之後，你做出更大的承諾並履行的能力就會增長。持之以恆，用不了多久，你的榮譽感就會超越你的情緒。你將漸漸形成健全的人格，它也將成為你巨大的力量源泉。

尋找意義所在——培養良知，服從良知

開發精神才能最有效的方法，是培養並服從你的良知。法國作家斯塔爾夫人（Madame de Stael）曾說：「良知的聲音如此微弱，想掩飾它易如反掌；可是它又那麼清晰，你根本不可能聽錯一個字。」當你開始從一些蘊含智慧的書籍中學習時，當你審視那些曾經啟發、鼓舞過你的人們的生命歷程時，你會意識到良知的聲音一直在指引你；這是良心的呼喚。

魯益師（C.S. Lewis）所言不假：「你愈是服從良知，良知對你的要求就愈多。」它不僅向你提出要求，還會提高你的能力，增強你的智力，擴大你的貢獻。如果你能善用所賦

予的一切，才智就會倍增。

找到你的內在聲音

這個話題涵蓋了書中的一切內容，如前所述，找到自己內在聲音的捷徑，只不過是捫心自問：我的生活狀況現在向我提出了什麼要求？在現有的責任、義務和職位面前，我應該怎麼做？採取什麼行動才算明智？當我們按照良知給予的答案行事時，刺激與回應的空間就會拉大，良知的聲音會更加響亮。

發現內在聲音或使命感的另一種方法，就在於你選擇某種事業，奉獻自我的那一刻。切記問自己幾個基本問題：我所擅長的事情中，我真心喜歡的是哪件？我該不該做這件事情？我能透過它謀生嗎？從事這件事情能讓我變得更好嗎？我願不願意為這次學習付出代價？

科林斯在《A到A+》中鼓勵大家問自己這個問題：在這個世界上，什麼事情我做得最出色？我至少知道一個正確答案，它對和我所有為人父母的人都適用，那就是，如果我們下定決心，就可以在養育兒女這方面做到舉世無雙。沒有誰比父母更在乎自己的孩子。

忽略、無視或違背我們的精神才能的結果

如果我們背離了自己的良知和健全的人格，身體會有怎樣的變化？通常，你可以從人們的面部表情，從他們的雙眼中找到答案。這樣的人大多忽視自己的身體，精疲力盡。他們往往在腦子裡不停為自己找藉口，用看似理性的謊言掩耳盜鈴。他們覺得內疚，不過，產生這種情緒是很正常的。他們問心有愧，喪失了正常的判斷力。

情感又會發生怎樣的改變呢？這些人無力控制自己的情緒，並喪失理解和同情他人的能力，憐憫和關愛他人的能力也大大下降。

附錄二
領導理論綜覽

二十世紀之間，領導理論曾出現五大研究方法，包括：特質、行為、權力與影響力、情境，以及整合。在一九〇〇年以前主導所有領導討論的偉人理論，催生了領導的特質理論；接著，學者開始強調情境和環境的因素，最後出現了環繞著人與情境、心理分析、角色成就、改變、目標和權變而發展的整合理論。自一九七〇年以後的領導理論，就根據這三種基本理論而發展。

領導理論：研究文獻之綜覽

理論	代表作者／年代	摘要
偉人理論 （Great-Man Theories）	竇德（Dowd）1936	歷史和社會制度是由偉人（如摩西、穆罕默德、聖女貞德、華盛頓、甘地、邱吉爾等）的領導所形塑。 竇德（1936）主張，「沒有群眾領導這回事。每個社會的個人都擁有不同程度的智力、精力和道德力量，但不管群眾走往哪個方向，他們總是由最傑出的少數人所帶領。」
特質理論 （Trait Theories）	巴納（L.L. Barnard）1926；賓罕（Bingham）1927；基伯恩（Kilbourne）1935；寇克派崔克（Kirkpatrick）與洛克（Locke）1991；柯斯（Kohs）與易勒（Irle）1920；佩吉（Page）1935；提德（Tead）1929	領導者與生俱來的超群特質和特徵，讓他與追隨者不同。 特質理論的研究提出以下兩個問題：什麼特質讓領導者與眾不同？這些差異的程度有多大？
情境理論 （Situational Theories）	波加德斯（Bogardus）1918；赫西（Hersey）與布朗查德（Blanchard）1972；霍金（Hocking）1924；柏森（Person）1928；史賓塞（H. Spencer）	領導是情境需求的產物：誰將脫穎而出成為領導者，是由情境因素決定，而不是靠家族傳承。偉大領導者的產生，是時間、地點和情勢交互作用的結果。
個人情境理論 （Personal-Situational Theories）	巴納（Barnard）1938；貝斯（Bass）1960；布朗（J.F. Brown）1936；凱斯（Case）1933；吉勃（C.A Gibb）1947、1954；簡金斯（Jenkins）1947；拉比爾（Lapiere）1938；墨菲（Murphy）1941；魏斯伯（Westburgh）1931	個人情境理論是偉人、特質和情境領導理論的綜合體。這類研究指出，領導的研究必須涵蓋情感、智力和行動的特質，以及此個人是在何種特定條件下運作。 這些條件包括：一、個人特質。二、團體和其成員的性質。三、團體所面臨的事件。

理論	代表作者／年代	摘要
心理分析理論（Psychoanalysis Theories）	艾力克森（Erikson）1964；法蘭克（Frank）1939；佛洛伊德（Freud）1913、1922；弗隆（Fromm）1941；雷維森（H. Levison）1970；渥曼（Wolman）1971	領導者扮演了父親的角色，讓人產生愛或敬畏，有如超我（superego）的化身，也是追隨者有挫折和破壞性侵略行為時的一個情緒出口。
人本理論（Humanistic Theories）	阿吉里斯（Argyris）1957、1962、1964；布雷克（Blake）與毛頓（Mouton）1964、1965；赫西與布朗查德 1969、1972；利克特（Likert）1961、1967；馬斯洛（Maslow）1965；麥奎格（McGregor）1960、1966	人本理論研究的，是個人在有效和凝聚力強的組織中如何發展。 持這項理論性觀點的學者假設，人類在本質上就是有向上動機的動物，也假設組織在本質上是結構井然、受嚴密控制的。根據這些學者的看法，領導就是要調整組織的限制，以提供個人自由度，讓個人完全發揮潛能、為組織貢獻所長。
領導者角色理論（Leader-Role Theory）	何曼斯（Homans）1950；康恩（Kahn）與昆恩（Quinn）1970；克爾（Kerr）與傑米爾（Jermier）；明茲柏格（Mintzberg）1973；奧斯朋（Osborn）與杭特（Hunt）1975	個人特徵和環境的需求互相交織，結果讓一個或少數個人脫穎而出成為領導者。團體是根據團體成員的互動而構成其組織架構，同時也是根據個人不同的角色和地位而組織起來。領導就是許多不同角色中的一個，處於這地位的人被期待要有和團體中其他人不同的行為。領導者的行為是依他們對自己角色的看法和別人期待他們做什麼而定。 明茲柏格歸納出以下的領導角色：代表人、領導人、聯絡人、監督者、溝通者、發言人、創業家、問題處理者、資源分配者，以及談判者。
途徑目標理論（Path-Goal Theory）	伊凡斯（M.G. Evans）1970；喬格保洛斯（Georgopoulos）、麥洪尼（Mahoney）與瓊斯（Jones）1957；豪斯（House）1971；豪斯與戴斯勒（Dessler）1974	領導者推動跟隨者改變的方法，是告訴跟隨者應該有何行為（路徑），同時表現此行為者可能獲得獎賞。領導者也釐清跟隨者的目標，鼓勵他們有好的表現。情境上的因素，將決定領導者用何種方法來達成這些途徑目標。
權變理論（Contingency Theory）	費德勒（Fielder）1967；費德勒、錢默斯（Chemers）與馬哈（Mahar）1976	一個任務導向或關係導向的領導者，其成效取決於情境。根據這理論所形成的領導訓練計畫，能幫助領導者認清定位，並因應情境的優勢與劣勢做更好的調整。

理論	代表作者／年代	摘要
認知領導（Cognitive Leadership）：二十世紀的偉人	賈德納（H. Gardner）1995；柯林斯（J. Collins），2001	領導者「透過言語和／或個人榜樣，顯著影響相當多其他人類的行為、思想和／或感覺」。對人類心理（不管是領導者或跟隨者）的了解，可使我們深入洞察領導的本質。 柯林斯的研究指出，那些能產生持久傑出成果的組織，和那些無此成果的組織，兩者的差別在於傑出組織是由他所稱「第五級領導者」（Level 5 Leaders），也就是謙沖為懷、卻意志堅強的矛盾混合體所領導。
互動過程的理論與模式：多重連結模式（Multiple-Linkage Model）、多重篩選（Multiple-Screen Model）、垂直對偶連結（Vertical-Dyad Linkage）、交換理論（Exchange Theories）、行為理論（Behavior Theories）和溝通理論（Communication Theories）	戴維斯（Davis）與路森斯（Luthans）1979；費德勒與萊斯特（Leister）1977；佛克（Fulk）與文德勒（Wendler）1982；葛雷恩（Graen）1976；葛林（Greene）1975；尤科（Yukl）1971	領導是一種互動過程。這類理論所探討的，包括領導者的主動結構（initiation structure），領導者智能與其團體表現的關係，領導者與每個團體成員個別的關係、而非與團體整體的關係，以及交易形式或行為權變的社會互動。
權力與影響力（PowerInfluence）：參與式領導、理由演繹（Rationale-Deductive）	寇奇（Coch）與法蘭奇（French）1948；賈德納（J. Gardner）1990；雷文（Lewin）、李彼特（Lippitt）與懷特（White）1939；佛倫（Vroom）與葉頓（Yetton）1974	權力與影響力研究方法涵括參與式領導。權力與影響力的研究，檢驗領導者擁有和行使多少權力。此法也假設單向的因果關係。參與式領導探討了權力分享和對跟隨者的授權。佛倫與葉頓提出的領導理論假設全由領導者發號施令、下屬則是消極的跟隨者，但是當下屬擁有更多知識之後，他們應有更多參與。 賈德納相信「領導是一種勸誘和以身作則的過程，在這過程中一個個人（或領導團隊）引導團體去追求領導者的目標、或領導者與追隨者共有的目標。」他指出，領導的角色是在填補團體的需要，因此領導者在他們所處系統中所扮演的角色是全面的。

理論	代表作者／年代	摘要
歸因（Attribution）、資訊處理（Information Processing）與開放系統（Open Systems）	布萊恩（Bryon）與柯利（Kelly）1978；凱茲（Katz）與康恩 1966；羅德（Lord）1976、1985；羅德、賓寧（Binning）、魯須（Rush）與湯馬斯（Thomas）1978；米邱（Mitchell）、拉森（Larsen）與葛林（Greene）1977；紐渥（Newell）與賽門（Simon）1972；魏斯（H.M. Weiss）1977	領導是一種由社會共同建構的事實。根據米邱等人所指出，「外部觀察者和團隊成員對領導的歸因，會因他們個人所認知的社會現實而有偏頗。」此外，個人、過程、結構和環境上的變數，在領導研究中是交互影響的現象；也就是說，我們很難描述這些變數的因果關係。
整合（Integrative）：轉化式（Transformational）、以價值為基礎（Values-Based）	貝斯；班尼斯（Bennis）1984、1992、1993；伯恩斯（Burns）1978；道坦（Downton）1973；費爾洪（Fairholm）1991；歐圖爾（O'Toole）1995；迪普利（DePree）1992；提奇（Tichy）與狄瓦納（Devanna）；雷納許（Renesch）	伯恩斯認為，轉化式領導是「領導者和跟隨者互相提高彼此士氣和動機」的過程。此理論假設跟隨者會將私利置於團體利益之下，考慮長期目標，對什麼才是重要的事物有共同認知。班尼斯指出，有效的領導者發揮三項功能：連結、創造和授權。領導者連結人力和其他資源，創造自由表達意見的組織文化，授與他人權力來為組織貢獻，藉這三者來改造組織。班尼斯因為區分管理與領導的差異而知名；他的看法可用他自己的話來總結：「領導者是做對的事情的人；管理者是把事情做對的人。」
魅力式領導（Charismatic Leadership）	康格（Conger）與坎倫古（Kanungu）1987；豪斯 1977；凱塞佛里（Kets se Vries）1988；麥斯威爾（J. Maxwell）1999；曼多（Meindl）1990；夏米爾（Shamir）、豪斯與亞瑟（Arthur）1993；韋伯（Weber）1947	魅力式領導假設領導者在下屬眼中具有卓越的特質。領導者的影響力不是建立在權威或傳統，而是在其跟隨者對他的觀感。對魅力式領導的解釋包括歸因、客觀觀察、自我概念理論、心理分析和社會影響。
以能力為基礎的領導（Competency-Based Leadership）	班尼斯；波亞提西斯（Boyatizis）；克麥隆（Cameron）；昆恩	一個人能學習和改善一些關鍵能力，這些能力一般可預先顯示出傑出人才（領導者）與平凡人才的差異。

理論	代表作者／年代	摘要
啟發式（Aspirational）與願景式領導（Visionary Leadership）	伯恩斯；考西斯（Kouzes）與波斯納（Posner）1995；畢德士（Peters）；華德曼（Waterman）1990；李察斯（Richards）與恩格（Engle）1986	根據考西斯與波斯納的研究，領導者「點燃」下屬的熱情，同時如同羅盤一般指引跟隨者。他們將領導定義為「一種激發他人願意為共同抱負而奮鬥的藝術」。這裡的重點是，跟隨者要有願意貢獻的渴望，而領導者則必須有激勵他人行動的能力。 領導者回應顧客的需求、描繪出願景、賦予員工動力，並在步調快速的「混亂」環境下茁壯發展。領導所要做的，就是表達出願景、實現價值，並創造一個可達成任務的環境。
管理性（Managerial）與策略性領導（Strategic Leadership）	杜拉克（Drucker）1999；傑卡伯斯（Jacobs）與傑奇斯（Jaques）1990；傑奇斯與克雷蒙（Clement）1991；科特（Kotter）1998、1999；巴金罕（Buckingham）與寇夫曼（Coffman）1999；巴金罕與克里夫頓（Clifton）2001	領導必須整合外部合作和內部合作。杜拉克強調整合的三項要素：財務、績效和個人。他相信領導者不僅要對組織的績效負責，也要對整個社群負責。領導人要能扮演此角色，並具有特定的特質。 科特指出，領導者必須溝通願景與方向，將人串連在一起，並激勵、鼓舞跟隨者，使他們充滿動力。同時，領導者是跟隨者改變的媒介和授權者。領導是為群體的努力賦予目標（有意義的方向）、並使群體願意擴大努力來達成目標的過程。 除此之外，有效的管理性領導能帶來有效的管理工作。這些作者認為領導應取決於時間、地點、個人和情境。
以成果為基礎的領導（Result-Based Leadership）	烏利奇（Ulrich）、山格（Zenger）與史牟伍德（Smallwood）1999；諾里亞（Nohria）、喬伊斯（Joyce）和羅伯森（Robertson）2003	烏利奇等人提出的領導理論，「描繪出領導者所達成的獨特成果」，並將成果與其特質連結。除了技術知識和策略思考之外，領導者還具有道德風範、誠信和精力。另外，領導者還展現出可促進組織成功的有效行為。除此之外，由於領導的成果是可評估的，這些成果或許也可傳授和學習。 在所謂的「常青計畫」（The Evergreen Project）中，諾里亞等人在十年間檢驗了兩百多個管理實務作法，以找出哪種實務可產生真正傑出的成果。四項最重要的實務是策略、執行、文化和結構。有傑出成果的公司，同時也重視以下四項次要實務中的兩者：人才、創新、領導和併購。

理論	代表作者／年代	摘要
教師型領導者（Leader as Teacher）	迪普利1992；提奇1998	領導者是教師，他們定下「可傳授的觀點」。領導就是透過說故事來激勵他人。提奇主張，有效的領導等於是有效的教導。
表演藝術型領導（Leadership as a Performing Art）	迪普利1992；明茲柏格1998；菲爾（Vaill）1989	領導不是外顯的，因為領導者不會大張旗鼓的進行領導的行動（如激勵、指導等等），而是默默進行一個領導者或管理者該做的所有事。將領導與表演藝術相類比的常見比喻，是交響樂團的指揮和爵士樂團。
文化（Cultural）和整體性領導（Holistic Leadership）	費爾洪1994；聖吉（Senge）1990；夏恩（Schein）1992；惠德利（Wheatley）1992	領導是踏出組織文化之外、開始適於生存的演化改變之能力。領導是容納重要利害關係人、使人願意跟從、並授權他人的能力。惠德利的整體性研究方法假設，領導是系統性、因時空而異的。 領導者在個人、組織和環境之間創造具綜效的關係。領導者透過實行五項修練，創造學習型組織。根據聖吉指出，領導者扮演三種角色：設計師、僕人和教師。
服務型領導（Servant Leadership）	葛林里夫（Greenleaf）1996；史畢爾斯（Spears）與弗利克（Frick）1992	意指領導者主要是透過服務他人——員工、顧客和社群——來領導。服務型領導者的特徵，包括懂得傾聽、有同理心、能撫慰人心、能洞察情勢、具說服力、有清楚表達概念的能力、深謀遠慮、善盡職守、願意促成別人的成長、願意建構社群。
靈性領導（Spiritual Leadership）	迪普利1989；愛西歐尼（Etzioni）1993；費爾洪1997；葛林里夫1977；侯利（Hawley）1993；凱佛（Keifer）1992；麥斯威爾；菲爾1989	領導是影響人的靈魂，而不是控制人的行動。費爾洪相信領導即是在與他人連結。此外，「當領導者願意關懷一個人的全體時，也必須將靈性的關懷納入他們的作法……新世紀的領導者必須重視自我提升，也積極為之，然後幫助跟隨者建立這些連結。」一個領導者的影響力，是從他對組織文化、習俗、價值和傳統的知識衍生出來的。

參考文獻

Bass, B.M. *Bass and Stogdill's Handbook of Leadership: Theory, Research, and Managerial Applications*, 3d ed. London: Collier Macmillan, 1990.

Bennis, W.G. *An Invented Life: Reflections on Leadership and Change*. Reading, Mass.: Addison-Wesley, 1993.

Buckingham, M., and D.O. Clifton. *Discover Your Strengths*. New York: Free Press, 2001.

Buckingham, M., and C. Coffman. *First, Break All the Rules: What the World's Greatest Managers Do Differently*. New York: Simon & Schuster, 1999.

Collins, J.C. *Good to Great: Why Some Companies Make the Leap...and Others Don't*. New York: HarperCollins Publishers, 2001.

Fairholm, G.W. *Capturing the Heart of Leadership: Spirituality and Community in the New American Workplace*. Westport, Conn.: Praeger, 1997.

Fairholm, G.W. *Perspectives on Leadership: From the Science of Management to Its Spiritual Heart*. Westport, Conn.: Quorum Books, 1998.

Gardner, H. *Leading Minds: An Anatomy of Leadership*. New York: BasicBooks, 1995.

Gardner, J.W. *On Leadership*. New York: Collier Macmillan, 1990.

Jaques, E., and S.D. Clement. *Executive Leadership: A Practical Guide to Managing Com-plexity*. Arlington, Va.: Cason Hall, 1991.

Kouzes, J.M. B.Z. Posner. *The Leadership Challenge: How to Keep Getting Extraordinary Things Done in Organizations*. San Francisco: Jossey-Bass, 1995.

Renesch, J., ed. *Leadership in a New Era: Visionary Approaches to the Biggest Crisis of Our Time*. San Francisco: New Leaders Press, 1994.

Senge, P.M. *The Fifth Discipline: The Art and Practice of the Learning Organization*. New York: Currency Doubleday, 1990.

Ulrich, D., J. Zenger, and N. Smallwood. *Results-Based Leadership: How Leaders Build the Business and Improve the Bottom Line*. Boston: Harvard Business School Press, 1999.

Vaill, P.B. *Managing as a Performing Art: New Ideas for a World of Chaotic Change*. San Francisco: Jossey-Bass, 1989.

Wheatley, M.J. *Leadership and the New Science: Learning about Organization from an Orderly Universe*. San Francisco: Berrett-Koehler, 1992.

Wren, J.T. *Leader's Companion: Insights on Leadership through the Ages*. New York: The Free Press, 1995.

Yuki,G. *Leadership in Organizations*, 4th ed. Upper Saddle River, N.J.: Prentice-Hall,1998.

附錄三
領導與管理的代表性論述

領導與管理的代表性論述	作者及出處
「管理是讓人去做那些需要做的事；領導是讓人想做那些需要做的事。管理者是用推的，領導者是用拉的。管理者是命令，領導者是溝通。」	班尼斯（Warren Bennis） 出自班尼斯，1994，〈引導改變：領導者就是轉型長〉（Leading Change: The leader as the Chief Transformation Officer），出自由雷納許（J. Renesch）編輯的《新世代的領導：以願景途徑解決當今最大危機》（*Leadership in a New Era: Visionary Approaches to the Biggest Crisis of Our Time*），102-110頁，舊金山：New Leaders Press出版。
「領導者是做對的事情的人；管理者是把事情做對的人。」	班尼斯 出自班尼斯，1993。《生命靠自己創造：對領導和變革的省思》（*An Invented Life: Reflection on Leadership and Change*），麻州里丁（Reading）：Addison-Wesley出版。
「領導者征服環境——那些瞬息萬變、紛亂曖昧，似乎故意和我們作對的環境，並且如果放任不管，這些環境就會扼殺我們——而管理者向環境投降。管理者經營；領導者創新。管理者是複製品；領導者是正本。管理者守成；領導者開發。管理者專注在系統和架構；領導者專注在人身上。管理者側重控制；領導者培養信賴。管理者短視近利；領導者眼界宏大。 管理者問「如何」和「何時」；領導者問「什麼」和「為什麼」。管理者看利潤；領導者看全局。管理者模仿；領導者自創。管理者接受現狀；領導者挑戰現狀。管理者是聽命行事的好士兵；領導者做自己的主人。管理者把事情做對；領導者做對的事情。	班尼斯 出自卡特史考特（Cater-Scott, C.），1994，〈管理和領導的差別〉（The Differences Between Management and Leadership），《管理》雜誌（*Manage*），10頁起。

領導與管理的代表性論述	作者及出處
「領導者與領導型管理者，和普通管理者的不同，至少表現在六個方面： 一、他們考慮較長期的事……。 二、思考他們所朝向的目標時，能掌握這目標與較大範圍現實之間的關係……。 三、能接觸和影響管轄範圍之外的人。 四、他們非常強調無形的願景、價值和動機，也本能地了解領導者與下屬互動時那些非理性、無意識的要素。 五、他們有政治手腕，可處理各方利害關係人之間相互衝突的要求。 六、他們思考更新的問題……。 「管理者和組織的連結比領導者較為緊密，而領導者卻可能不隸屬任何組織。」	賈德納（John W. Gardner） 出自賈德納，1990。《論領導》（*On Leadership*）。紐約：Collier Macmillan出版。
「……『領導』（lead）這個字就字源來看，有『去、行進、引導』的意義。領導富有動感、行動的意義……。領導者追尋新的秩序，他們冒險跨進別人未曾探索過的領域，引導我們走向新而未知的目的地。相反地，『管理』（manage）的字根是『手』。管理的本質是在『處理』事情、維持秩序、組織和控制。管理和領導最重要的差異，正反映在這兩字字根的意義 —— 也就是處理事情和走去某地的差別。」	考西斯（James Kouzes）與波斯納（Barry Posner）出自考西斯與波斯納，1995，《領導的挑戰：如何不斷在組織中成就不凡的事》（*The Leadership Challenge: How to Keep Getting Extraordinary Things Done in Organizations*），舊金山：Jossy-Bass出版。
「管理和領導的一大差別，可從這兩字的字根看出來，也就是處理事情和走去某地這兩個意義的差別。」	考西斯與波斯納 出自卡特史考特，1994，〈管理和領導的差別〉，《管理》雜誌，10頁起。
管理者關心如何完成事情，領導者則在意這些事情對人們的意義為何。「領導者和管理者是兩個不同的概念。管理者傾向把工作視為達成任務的過程，這過程涉及把人和想法組合互動，以建立策略、做出決定。」 「……管理者的行動是限制選擇，領導者則反向操作，為長期存在的問題發展出新穎的解決之道，並開啟新的選擇……。領導者在工作中創造出興奮情緒。」	索茲尼克（Abraham Zaleznik） 出自索茲尼克，1977，〈經理人與領袖：兩者不一樣嗎？〉（Managers and Leaders: Are They Different?）《哈佛商業評論》（*Harvard Business Review*），55期（5），67-78頁。收錄在天下文化出版之《哈佛商業評論精選：領導》一書。

領導與管理的代表性論述	作者及出處
「管理是在處理複雜性。管理的作法和程序多半是為了因應二十世紀最重要的發展之一：大型組織的出現。沒有好的管理，複雜的企業容易陷入混亂，結果危害本身的生存。好的管理能為品質和產品獲利能力這類關鍵事項，帶來相當程度的秩序和一致性。 「相反的，領導是要處理變動。領導在近幾年之所以變得如此重要，原因之一就是商業世界競爭加劇、變化更快。科技變遷更快速、國際競爭更激烈、市場解除管制、資本密集市場產能過剩、產油國組織不穩定、投機客挾垃圾債券橫行、勞動人口結構改變，凡此種種都是造成變動的因素。其結果是，只做昨天在做的事，或是只有百分之五的改善，已不能保證成功。為了在這新的環境中生存並有效地競爭，愈來愈需要做出重大變革；而變革愈多，就需要愈多的領導。」	科特（John Kotter） 出自科特，1990，〈領導人真正做些什麼？〉（What Leaders Really Do?），《哈佛商業評論》，68期，103頁起。收錄在天下文化出版之《哈佛商業評論精選：領導》一書。
交易（管理）vs.轉化（領導） 交易式領導：一個人為了要交換有價值的事物，而主動和其他人接觸，就產生這類的領導。 轉化式領導：一或多人與其他人互動，結果使領導者和跟隨者互相提升彼此的動機和士氣，就產生這類的領導。他們的目的一開始可能和交易式領導一樣雖相關卻分離，但最終將融合。	伯恩斯（James M. Burns） 出自伯恩斯，1978，《領導》（*Leadership*），紐約：Harper and Row出版。
「所有領導者的考驗不是他成就什麼功業，而是他離開位子後會有何結果；接任問題才是真正的考驗。如果企業在這些傑出又具魅力的領導者離開後立時崩潰，這根本不是領導，而是 —— 坦白說 —— 欺騙。」 「……我一向強調領導就是責任，領導就是負責，領導就是行動……。」 「……要把管理和領導分開，根本是胡來 —— 就像要把管理和創業分開一樣行不通。它們都是同一項工作的基本要件。它們確實不一樣，但它們的不同頂多只像右手和左手、或鼻子和嘴巴的差異而已，它們都屬於同一個身體。」	彼得・杜拉克 出自加拉更（P.A. Galagan），1998年，《彼得・杜拉克：訓練與發展》雜誌（*Peter Drucker: Training & Development*），52期，22-27頁。
「管理是為了要達到和先前表現一致的績效，而行使權威和影響力……。領導是讓本來不會發生的事情成就……並且它往往需要在可接受的條件邊緣運作。」	巴斯卡（Richard Pascale） 出自強森（M. Johnson），1996，〈掀起領導的蓋子來〉（Taking the Lid Off Leadership），《管理期刊》（*Management Review*），59-61頁。

領導與管理的代表性論述	作者及出處
「管理是針對組織的目標、優先次序、工作設計和結果的達成，而分配稀少的資源。最重要的是，管理就是在控制。相反地，領導的焦點在創造共同的願景，這表示要激發人們為此願景而貢獻心力，並鼓勵他們將個人私利與組織利益相連結。領導代表勸導，而非命令。」	魏勒斯比（George Weathersby） 出自魏勒斯比，1999，〈領導與管理的比較〉（Leadership versus Management），《管理期刊》，88期，5頁起。
那些被善加「管理」的人，可能缺乏一種為求成功而傾注必要努力的傾向 —— 除非他們有好的領導者。偉大的領導者可以從平凡人身上得到不平凡的成果。偉大的管理者只是做好完善的計畫，有時還完善地執行、得到好成果，但是真實領導激發出的熱情和執著所能達成的大成功，管理者卻很少能做到。領導者是建築師，經理人是建築工人。這兩者都不可或缺，但沒有建築師，就沒有什麼特別的東西可以建築。	馬里奧提（John Moriotti） 出自馬里奧提，1998，〈領導很重要〉（Leadership Matters），《產業週刊》（*Industry Week*），247期，70頁起。
「舊有的管理權威基礎正在消失中，新的領導工具正取而代之。那些由階級制度賦予權力、也習慣在有限範圍內進行控制的管理者，現在都在學習轉移視線，放寬視野。新的管理工作包括向某個限定的責任範圍外去尋找機會，並從所有相關領域中找人來組成專案團隊，讓他們探索這些機會。為此，溝通和合作必須超越功能、超越部門、超越公司界線，如果它們的活動和資源重疊的話。因此在新的管理工作中，階級、頭銜或官方的特許執照，比起知識、技能，和能動員人、激勵人發揮最大能力的敏感度，已不再是成功的重要因素。」	康特（Rosabeth Moss Kanter） 出自康特，1989，〈新的管理工作〉（The New Managerial Work），《哈佛商業評論》，85頁起。
畢德士引用上述班尼斯和考西斯、波斯納對領導和管理的概念。他相信「發展出願景，並且更重要的，熱誠的實踐之，是領導最重要的兩部分……。願景在主管或中階經理人的世界中，也有同樣重要的尊榮地位。」	湯姆・畢德士（Tom Peters） 出自畢德士，1994，《亂中求勝》（*Thriving on Chaos*）。紐約：Alfred A. Knopf出版。

領導和管理的差異

領導	管理
人	事
自發、機動	結構
釋出、授權	控制
效能	效率
程序設計者	程序
投資	費用
原則	技巧
轉化	交易
以原則為中心的權力	實用
辨識	評估
做對的事情	把事情做對
方向	速度
毛利	淨利
目的	方法
原則	實務
在系統之上	在系統之中
梯子是架在對的牆壁上嗎？	快速爬上梯子

FranklinCovey 關於富蘭克林柯維公司

富蘭克林柯維公司是一個全球性、以人為本的顧問培訓公司，專長於7個關鍵領域，包括：領導力、執行力、生產力、信任力、銷售績效、客戶忠誠度與教育，藉由提供一系列領導變革的架構與思維，協助個人與企業成就卓越。

自1989年《與成功有約：高效能人士的七個習慣》一書出版後，近30年來，富蘭克林柯維公司不斷更新，致力創造顧問與培訓的極致影響力，與企業一同達成組織的最重要目標。目前在全球140個辦事處有近1,500名專家提供相關服務，客戶有90%來自於美國財富100強的企業，超過75%為來自美國財富500強的企業，還有數以千計的中、小型企業和政府與教育機構。

當您閱讀完此書，是否希望獲得更多學習與成長的機會？
富蘭克林柯維公司在台灣、香港、大陸和新加坡皆設有辦事處，歡迎致電886-2-2325-2600，或上www.franklincovey.com.tw，讓我們有機會為您提供更專業與詳盡的服務。

歡迎掃描下方各社群媒體平台，讓您即時獲得富蘭克林柯維最新資訊，掌握終極競爭優勢！

國家圖書館出版品預行編目(CIP)資料

第8個習慣：從成功到卓越 / 史蒂芬.柯維
(Stephen R. Covey)著；殷文譯. -- 第四版. -- 臺北
市：遠見天下文化, 2018.10
面；　公分. -- (心理勵志；BBP437)
譯自：The 8th habit : from effectiveness to
greatness
ISBN 978-986-479-554-3(平裝)

1.自我實現 2.成功法
177.2　　107016861

心理勵志 BBP437A

第 8 個習慣

從成功到卓越 全新修訂版

The 8th Habit：From Effectiveness to Greatness

作者 — 史蒂芬・柯維（Stephen R. Covey）
譯者 — 殷文
總編輯 — 吳佩穎
責任編輯 — 方怡雯、李靜宜、吳怡文、詹于瑤、林妤庭（特約）
封面設計 — 莊謹銘（特約）
版型設計 — 陳光震（特約）
圖表設計 — 蔡榮仁（特約）

出版者 — 遠見天下文化出版股份有限公司
創辦人 — 高希均、王力行
遠見・天下文化 事業群董事長 — 高希均
事業群發行人／CEO — 王力行
天下文化社長 — 林天來
天下文化總經理 — 林芳燕
國際事務開發部兼版權中心總監 — 潘欣
法律顧問 — 理律法律事務所陳長文律師
著作權顧問 — 魏啟翔律師
社址 — 台北市 104 松江路 93 巷 1 號 2 樓
讀者服務專線 —（02）2662-0012
傳真 —（02）2662-0007；2662-0009
電子信箱 — cwpc@cwgv.com.tw
直接郵撥帳號 — 1326703-6 號 遠見天下文化出版股份有限公司

電腦排版 — 立全電腦印前排版有限公司
製版廠 — 東豪印刷股份有限公司
印刷廠 — 祥峰印刷事業有限公司
裝訂廠 — 中原造像股份有限公司
登記證 — 局版台業字第 2517 號
總經銷 — 大和書報圖書股份有限公司 電話／ (02)8990-2588
出版日期 — 2018 年 12 月 20 日第一版第 1 次印行
2023 年 5 月 4 日第二版第 9 次印行

定價 — 450 元
4713510946299
書號 — BBP437A
天下文化官網 — bookzone.cwgv.com.tw